AF637996

Katja Henning

Deko-Liebe BETON

Stilvolle Wohn- und Garten-Accessoires selbst gemacht

CV

Inhalt

Vorwort 6
Infos 7

Material 8
- Beton 10
- Raysin 12
- Formen 14

Projekte 16
- Ringteelicht 18
- Ringehalter 22
- Gugelhupf-Kerzenständer 26
- Pflanzschale 30
- Schlüsselhalter 34
- Öllampe 38
- Büroklammerhalter 42
- Kerzenständer-Herz 46
- Betonlampe 50
- Blumenkegel 54
- Uhr 58
- Teelichthalter 62
- Türstopper 66
- LUFO 70

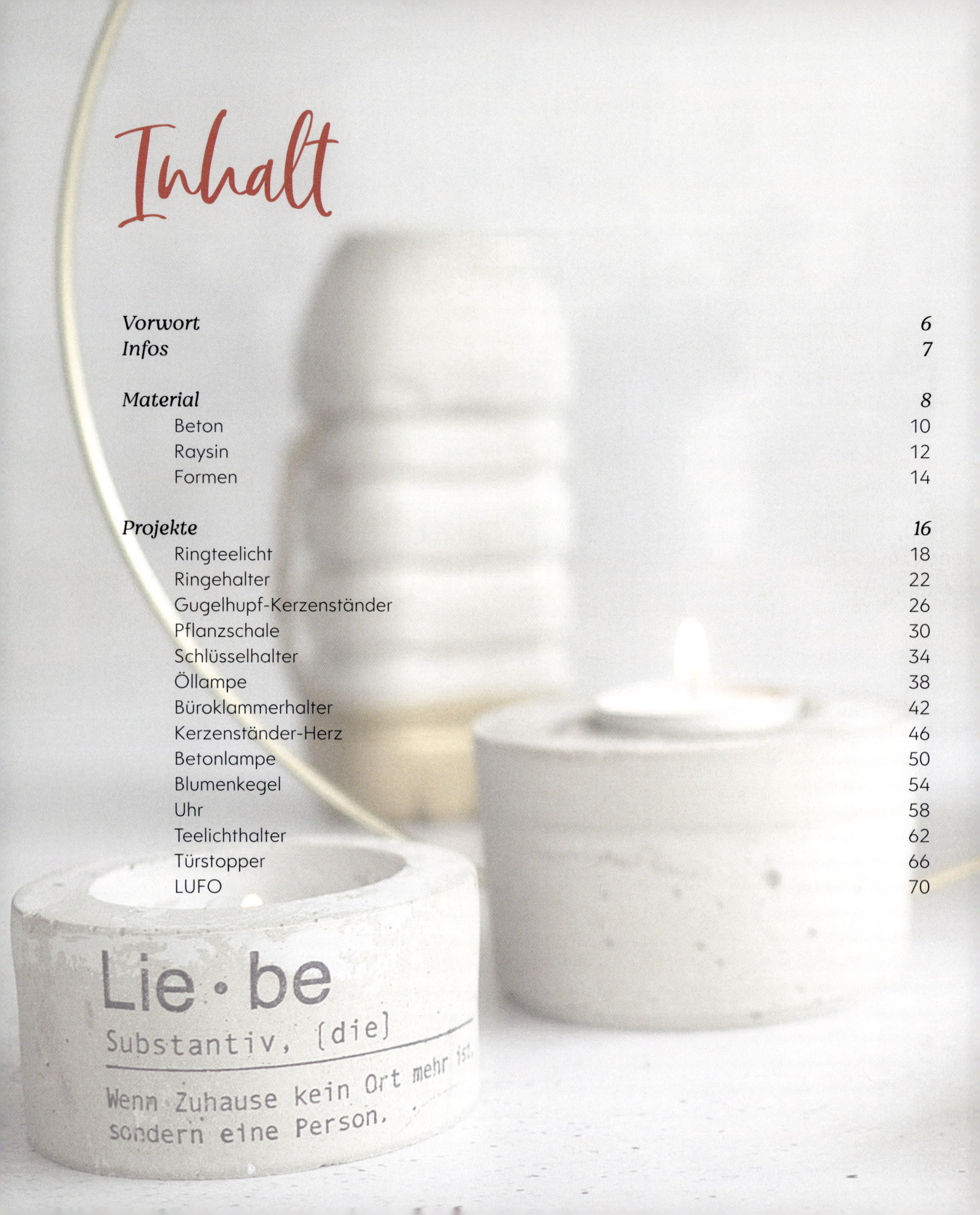

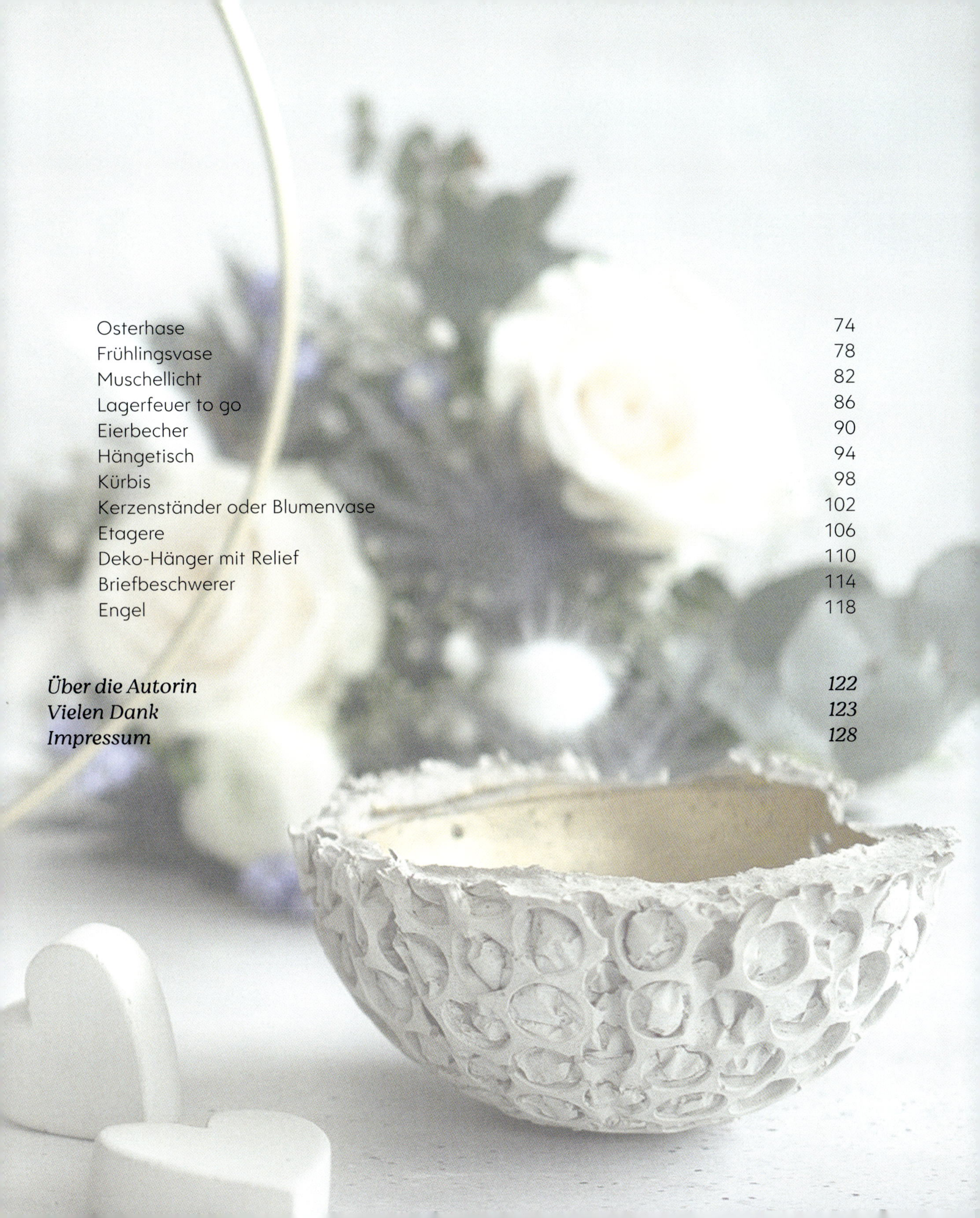

Osterhase 74
Frühlingsvase 78
Muschellicht 82
Lagerfeuer to go 86
Eierbecher 90
Hängetisch 94
Kürbis 98
Kerzenständer oder Blumenvase 102
Etagere 106
Deko-Hänger mit Relief 110
Briefbeschwerer 114
Engel 118

Über die Autorin *122*
Vielen Dank *123*
Impressum *128*

Liebe Selbermacherin, lieber Selbermacher,

du hast dich für ein Kreativbuch entschieden, das deine nächsten Bastelnachmittage füllen kann: und zwar mit 26 spannenden Projekten rund um das Thema Beton! Auf den nächsten Seiten erwarten dich dazu Schritt-für-Schritt-Anleitungen, die mit Tipps und Tricks gespickt sind, um es dir so leicht wie möglich zu machen, deine eigenen Betonunikate entstehen zu lassen.

Dabei musst du meine Anleitungen nicht exakt befolgen. Mache die abgebildeten und erläuterten DIY-Projekte zu DEINEN DIY-Projekten! Du kannst dich bei den Faktoren, die für das Endergebnis entscheidend sind, wie Farbe, Muster oder Größe, einfach ausprobieren – sei mutig und spontan und lasse deiner Kreativität und deinen Ideen freien Lauf.

Alle meine Projekte haben einen hohen Anspruch an Kreativität und Design. Sie wollen nicht einfach nur gebastelt werden und später auf dem Müll landen. Sie wollen Teil (d)eines Zuhauses werden, dir und anderen Freude machen – in einem Wort: etwas Besonderes sein. Aber keine Sorge, deshalb sind sie noch lange nicht schwieriger als andere Bastelprojekte. Du wirst sehen, wie leicht es ist, auch wirklich hochwertige Deko-Objekte selbst herzustellen.

Ich hoffe, du hast genauso viel Freude am Gestalten der Projekte, wie ich es habe, und ich hoffe, der Funke der Begeisterung springt bei jedem einzelnen Projekt, das ich für dieses Buch ausgewählt habe, zu dir über. Viel Spaß beim Mit-Liebe-Gestalten.

Deine Katja

Infos

Materialien und Werkzeuge, die gezeigt werden, habe ich aufgrund von persönlichen Erfahrungen ausgewählt. Du bist natürlich immer frei, andere Produkte oder Marken zu verwenden.

- kinderleicht
- ziemlich leicht
- trau dich – leichter als du denkst

- keine halbe Stunde
- 0,5–1 Stunde
- über 1 Stunde

- bis 5 Euro
- 5–10 Euro
- über 10 Euro

Damit du Zeit, Kosten und Schwierigkeitsgrad abschätzen kannst, geben dir die drei Skalen eine Orientierungshilfe. Du findest die kleinen Piktogramme an jedem Projekt und siehst so auf den ersten Blick, welchen zeitlichen und finanziellen Aufwand du bedenken musst und welches Projekt am besten zu deinen Fähigkeiten passt. Die angegebenen Zeiten verstehen sich ohne Trocknungszeit.

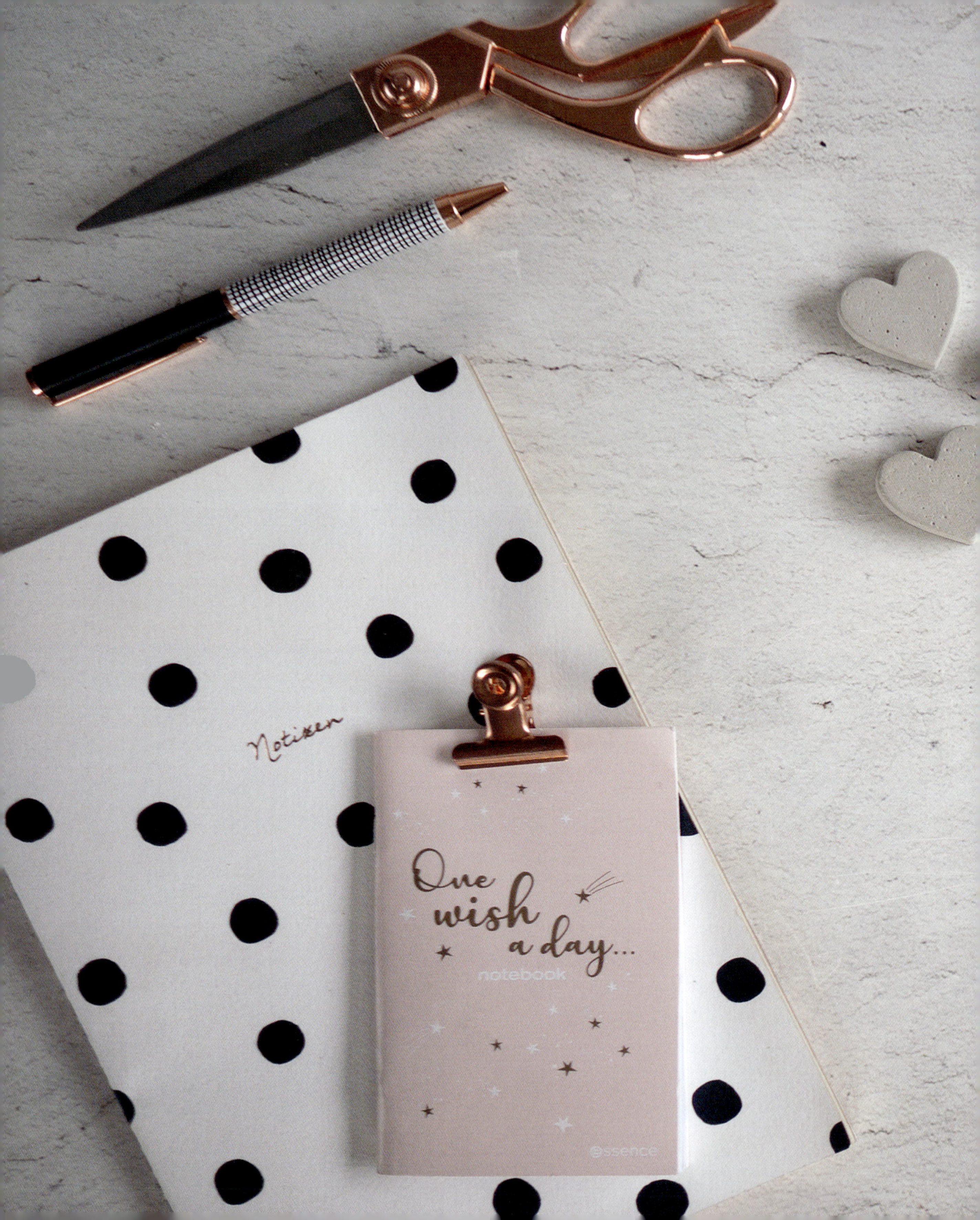
Notizen
One wish a day...
notebook
essence

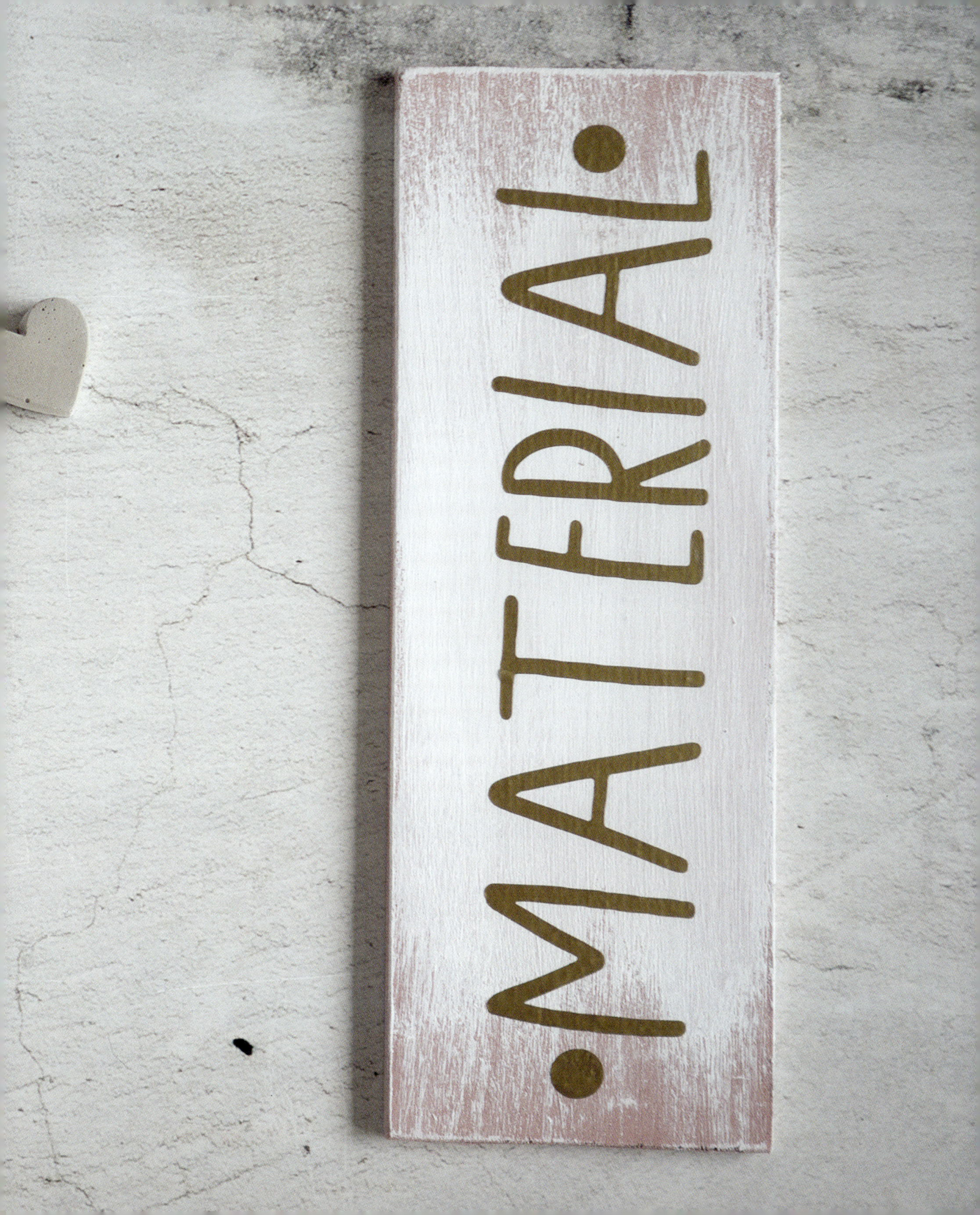
MATERIAL

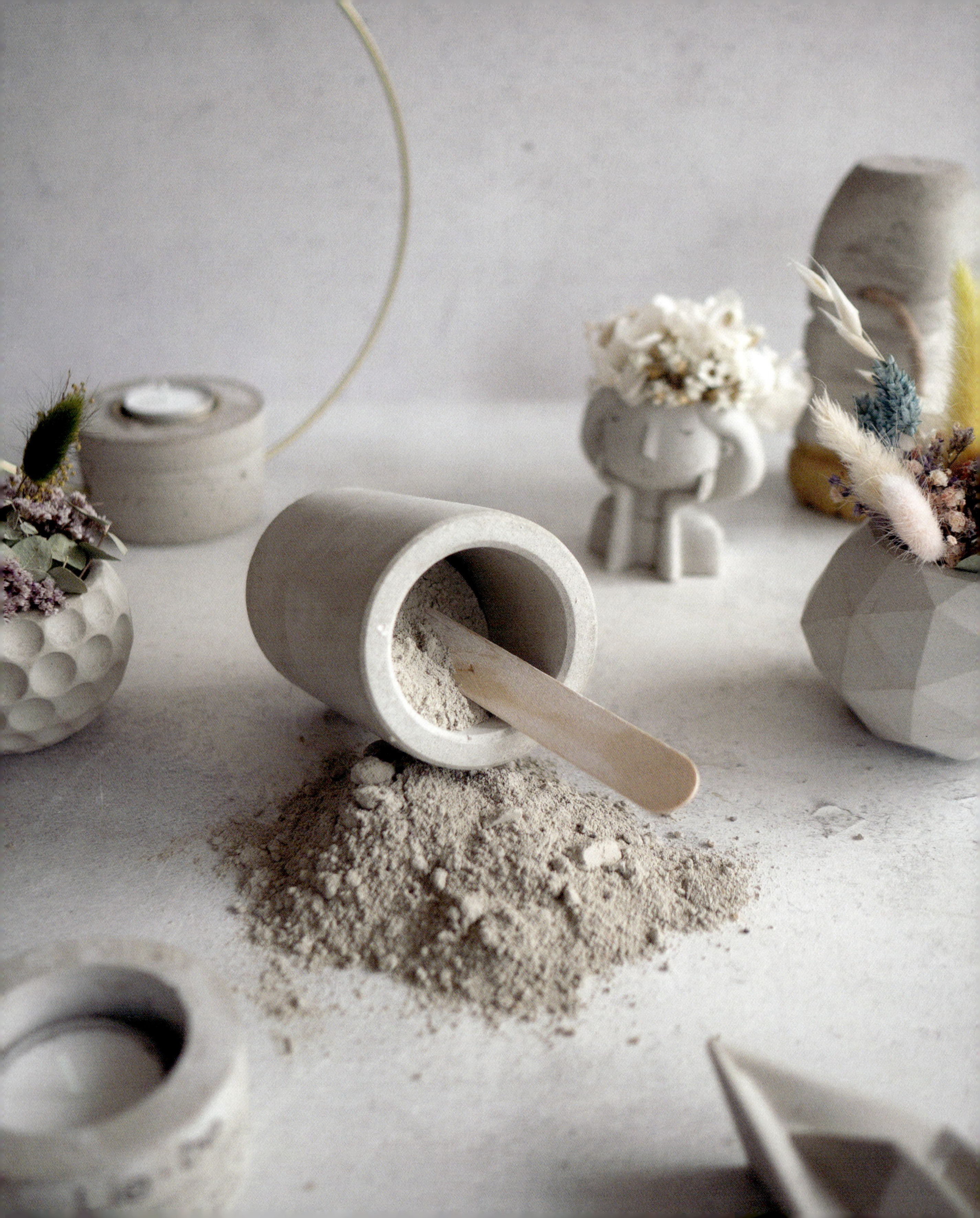

Beton

In diesem Buch arbeite ich mit Bastelbeton. Dieser ist feinkörniger als Beton aus dem Baumarkt. Er staubt wenig und ist bereits fertig gemischt und einsatzbereit. Er muss nur noch im angegebenen Mischungsverhältnis mit Wasser angerührt und kann dann in die verschiedensten Formen gegossen werden. Beton braucht relativ lange zum Aushärten. Meist muss er mindestens 24 Stunden in der Form bleiben, bis man ihn vorsichtig auslösen kann. Die Trocknungszeit ist dabei abhängig von der Objektgröße. Getrockneter Beton hat eine deutlich hellere Farbe als frisch gegossener. Er ist stabil, Kanten und Ecken bröckeln nicht ab. Sei lieber etwas geduldiger, denn wenn du dein Objekt zu früh aus der Form löst, kann dieses dabei kaputt gehen.

Beton ist feuchtigkeits- und frostbeständig, relativ schwer und stabil. Der Werkstoff hat eine einzigartige Oberflächenstruktur mit kleinen Luftbläschen und Unregelmäßigkeiten.

Füllst du den Beton in Plastikformen, empfiehlt es sich, diese vorab mit etwas Speiseöl auszupinseln. Das erleichtert das Entformen nach dem Trocknungsprozess enorm. Dabei ist eine sehr dünne Schicht ausreichend. Silikonformen müssen nicht vorbehandelt werden.

Beton kann nach dem Trocknen weiter bearbeitet werden. Er kann mit verschiedenen Farben, z. B. Kreidefarbe oder Acrylfarbe, bemalt werden. Vinylfolie als Schablone oder Motiv haftet ebenfalls auf Beton – wenn er komplett durchgetrocknet ist. Aber auch mit Blattgold lassen sich tolle Effekte erzielen. Probier dich einfach aus.

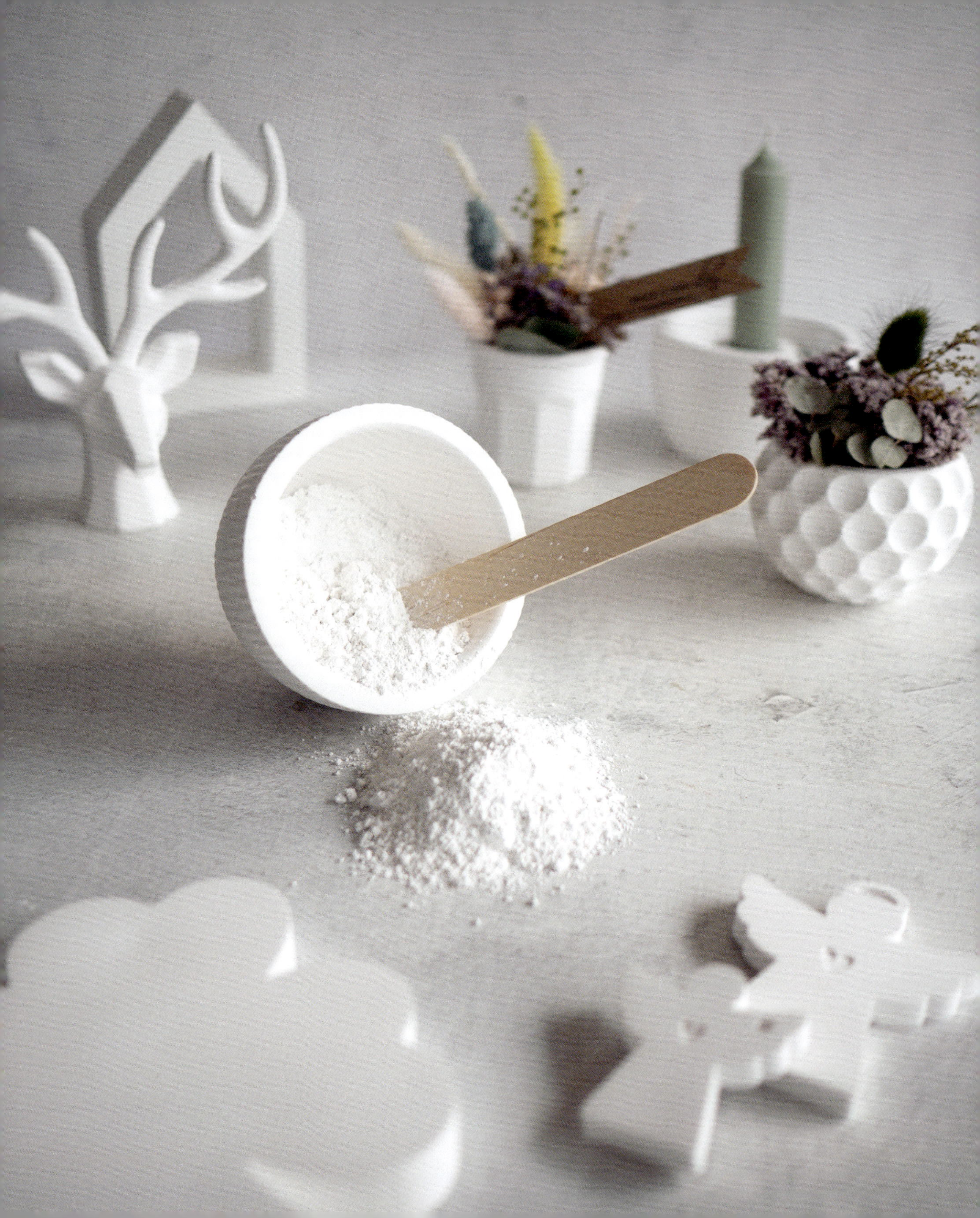

Raysin

Einige Projekte in diesem Buch sind mit dem weißen Gießpulver Raysin von Rayher umgesetzt. Ich verwende es, wenn ich weiße Objekte erhalten möchte und mir die Struktur und Haptik von Beton nicht so wichtig ist. Raysin-Objekte sind sehr stabil und ihre Oberflächen sehr glatt. Sie haben weniger Lufteinschlüsse als die aus Beton.

Oft benutze ich Raysin auch für Versuche, denn der Stoff hat einen ganz klaren Vorteil: die Trocknungszeit. Je nach ihrer Größe können die Objekte bereits nach 1 – 2 Stunden aus der Form gelöst werden. Raysin wird wie Beton in dem angegebenen Mischungsverhältnis mit Wasser angerührt und dann in die entsprechenden Formen gegossen. Die Masse hat beim Gießen eine joghurtähnliche Konsistenz, härtet aber sehr schnell aus. Daher muss Raysin schneller verarbeitet werden als Beton.

Nach dem Auslösen ist Raysin kalt und feucht. Wenn man es danach verschönern will, z. B. Motive aufkleben oder einen Farbanstrich anbringen möchte, muss man sich allerdings gedulden: Erst wenn das Objekt nach mehreren Tagen Zimmertemperatur erreicht hat, ist es bereit dafür. Zum Bemalen eignen sich wie bei Beton Kreide- oder Acrylfarben. Und auch mit Blattgold lässt sich Tolles zaubern.

Raysin kannst du außerdem sehr gut mit Schleifpapier bearbeiten und Überstände oder scharfe Kanten so einfach entfernen. Noch ein Vorteil: In Raysin-Objekte kann einfacher gebohrt werden als in Beton, denn das Material platzt nicht so schnell ab.

Formen

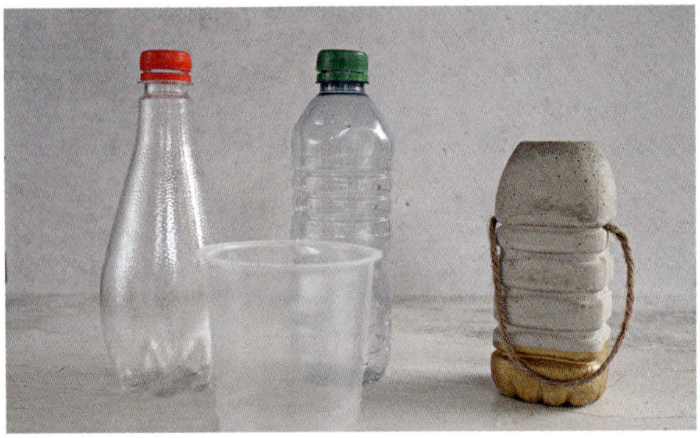

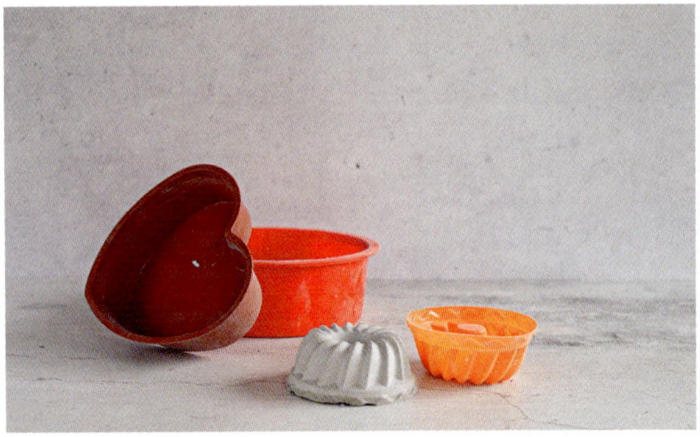

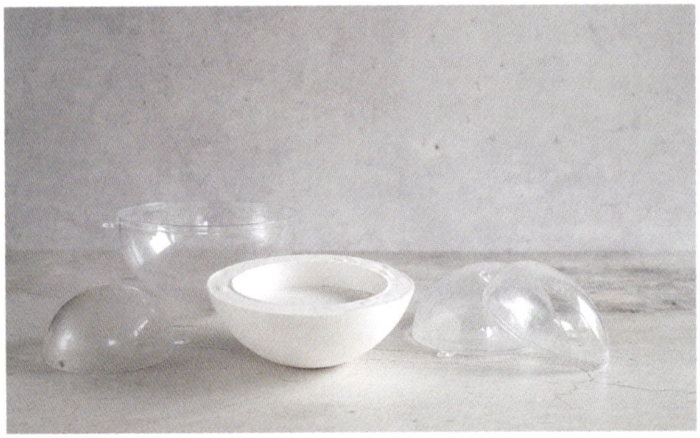

Eine Gießform zu kaufen und die entsprechenden Objekte zu gießen, ist kein Hexenwerk. Das schaffst du auch ohne meine Ideen.

In diesem Buch habe ich mich daher besonders auf Alltagsformen konzentriert, die du einfach bekommen kannst. Sei also gespannt, was man aus Einmal-Sektgläsern, Joghurtbechern und Plastikeimerchen so alles zaubern kann, und sieh meine Projekte als Gelegenheit, deiner Kreativität einen Schubs zu geben.

Dir fallen ganz bestimmt dann selbst noch viele Möglichkeiten ein. Als Leitfaden dazu stelle ich dir hier die Basic-Formen und ihre Vor- und Nachteile vor:

Gießformen gibt es aus unterschiedlichen Materialien. Dabei unterscheidet man Formen, die man einmal oder mehrfach verwenden kann.

Hier lohnt das Motto „Augen auf beim Einkauf“ – denn in den Supermärkten stehen zahlreiche Verpackungen, die du als Einmalform für unsere Zwecke nutzen kannst: PET-Flaschen, Joghurtbecher, Plastikverpackungen aller Art. Wähle sie auch nach interessanten Formen und Mustern aus, die deine Betonobjekte einzigartig machen.

Eine weitere Möglichkeit sind Silikon-Backformen. Achte beim Kauf einfach darauf, ob du sie vielleicht für verschiedene Projekte einsetzen kannst, denn diese Formen sind wiederverwendbar. Runde Silikonformen sind z. B. prima für Betontische, Betonuhren, Etageren, etc. und Herz-Silikonformen für Kerzenständer oder Anhänger.

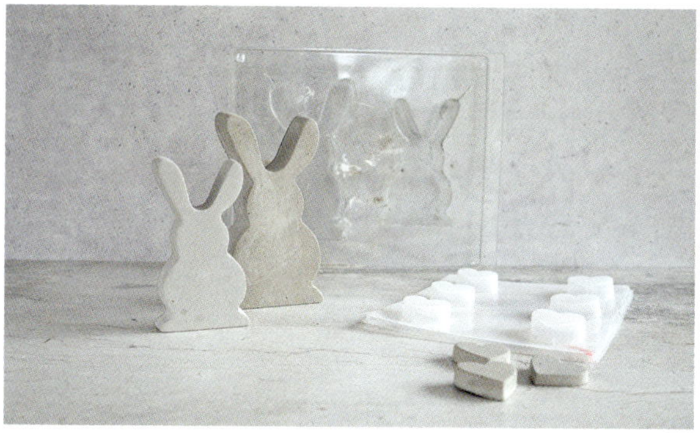

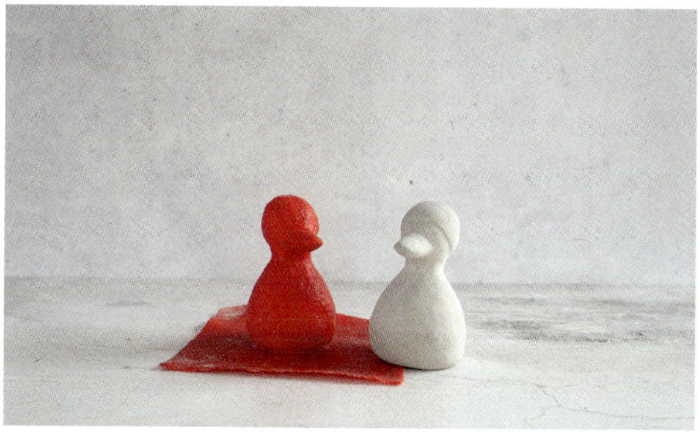

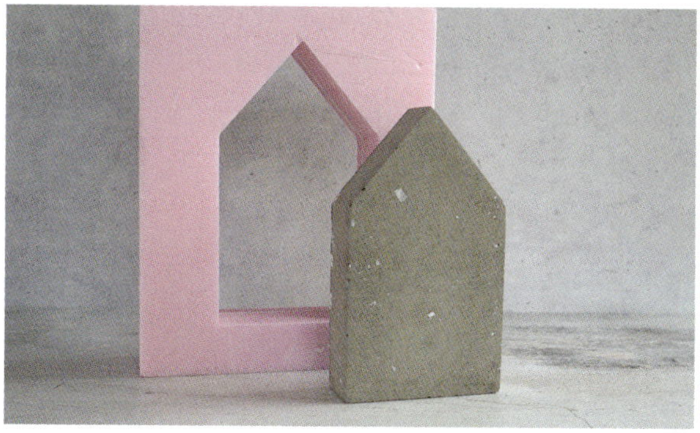

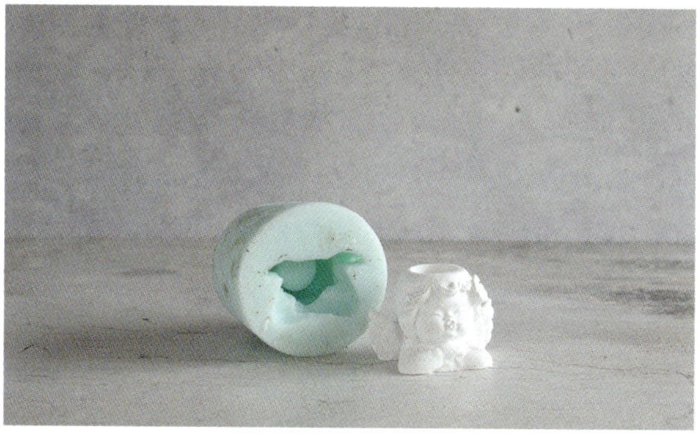

Auch Acrylformen eignen sich hervorragend, du findest sie im Bastelbedarf: Mit Halbkugeln, Kegeln, Eiern, etc. kannst du viele Projekte verwirklichen. Es gibt außerdem Formen aus PET, die – wie Acrylformen – wiederverwendbar sind. Ob Sterne, Herzen, Bäume, Häuser, Federn, Teelichthalter, hier hast du eine große Auswahl. Ebenfalls im Bastelbedarf erhältst du Latexgießformen, die besonders langlebig und mehrfach verwendbar sind. Das Schöne an diesen Latexformen ist, dass es Vollformen sind, d. h., die Objekte werden dreidimensional.

Alternativ steht dir noch Styrodur zur Verfügung. Das ist ein Hartschaum, der im Bauwesen als Dämmstoff eingesetzt wird. Aus den Platten kann man Formen herausschneiden und dann die entsprechende Gießmasse einfüllen. Die Objekte sind dann flach, d. h., es fehlt die Dreidimensionalität. Styrodurformen sind zwar Einmalformen, können bei vorsichtigem Gebrauch aber auch mehrfach verwendet werden.

Zu guter Letzt kannst du noch mit Silikonformen arbeiten, mit denen du Vollform-Objekte kreieren kannst. Sie sind recht teuer und lohnen sich meist nur, wenn man das gewünschte Werk mehrfach reproduzieren möchte. Sie sind sehr einfach in der Handhabung und es entstehen tolle DIY-Werke mit feinen Details.

Tipp: Silikonformen und Latex-Gießformen kannst du sogar selbst herstellen, indem du mit Abform-Silikon oder Latexmilch ein vorhandenes Deko-Objekt abformst.

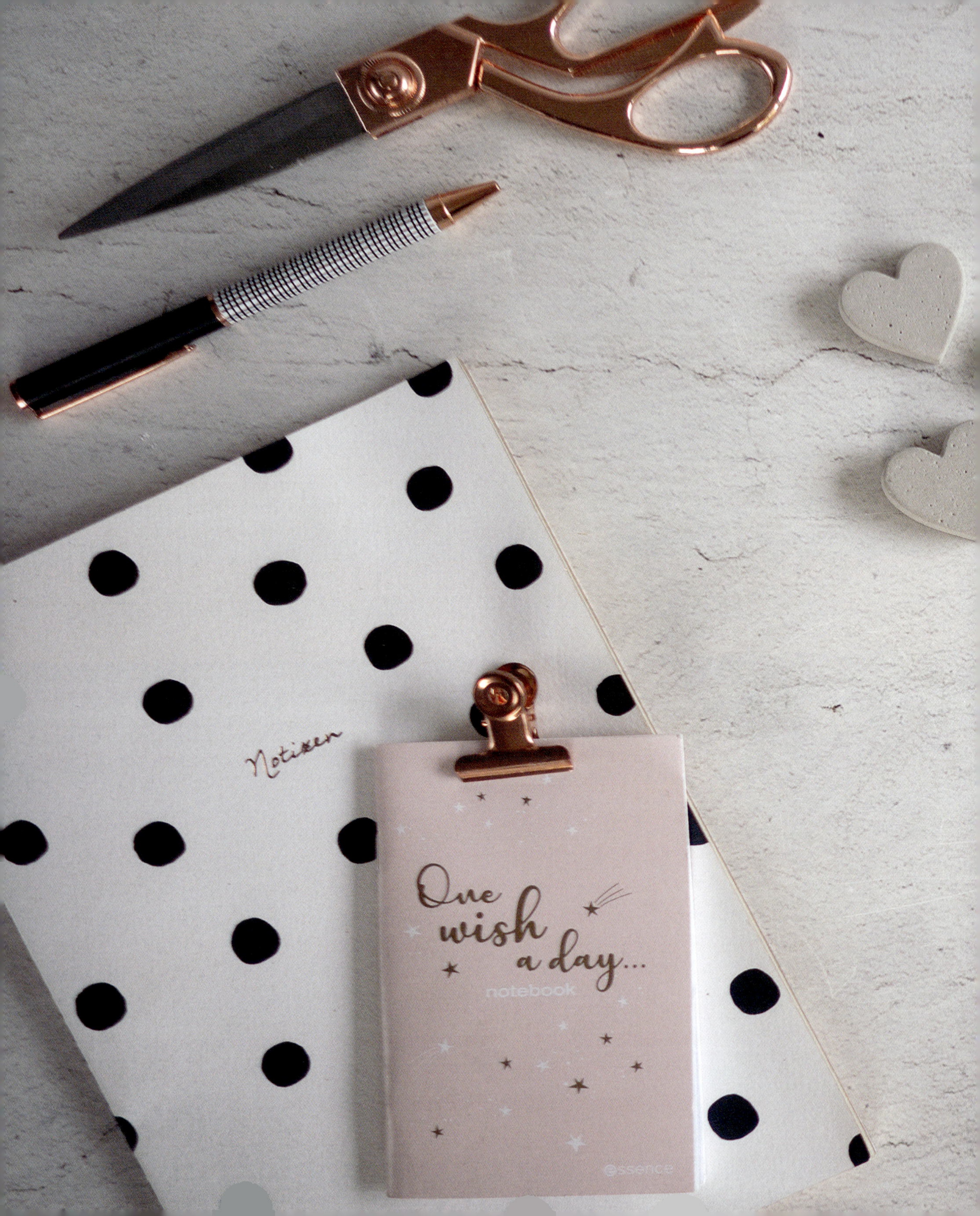
Notizen
One wish a day...
notebook
essence

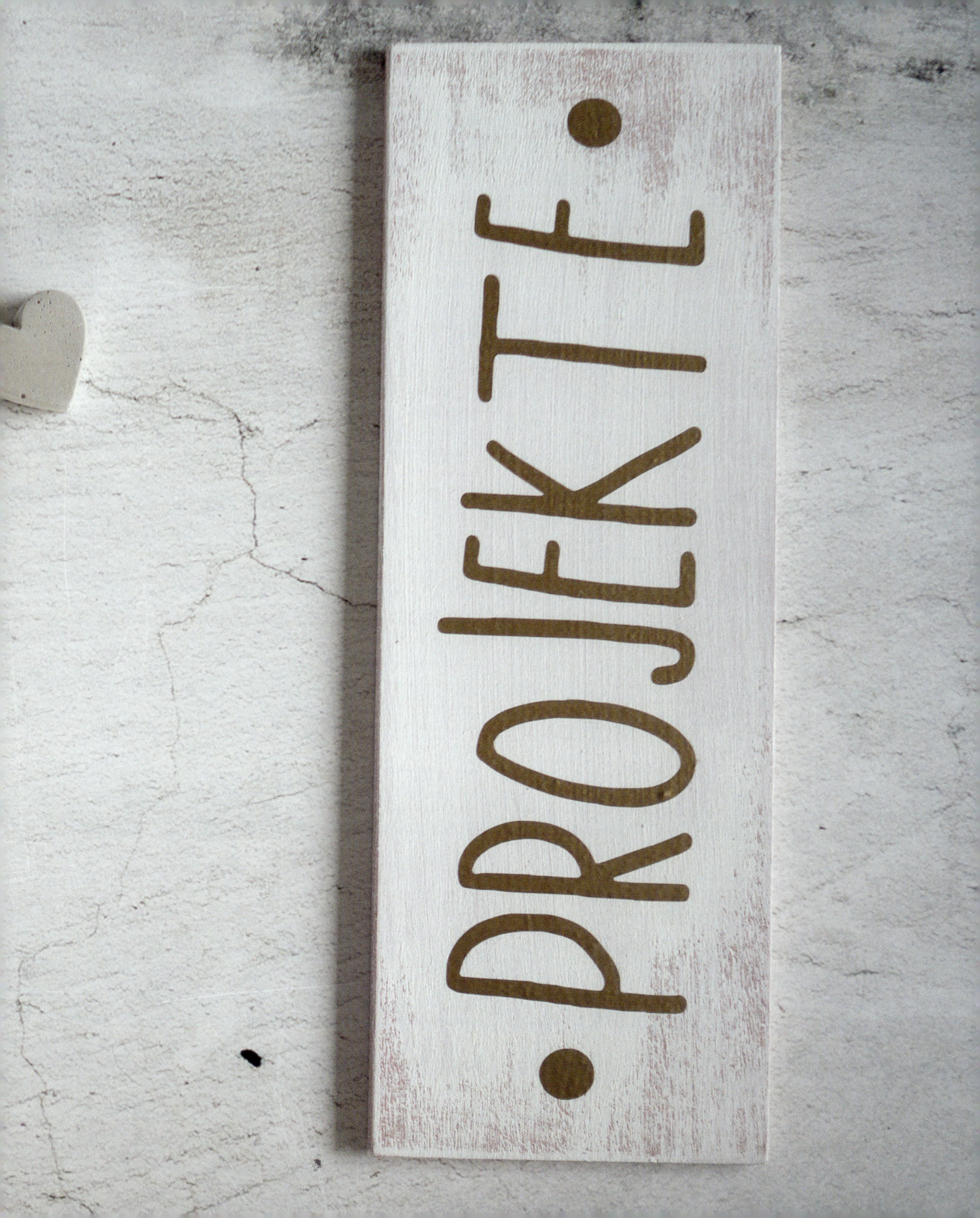
PROJEKTE

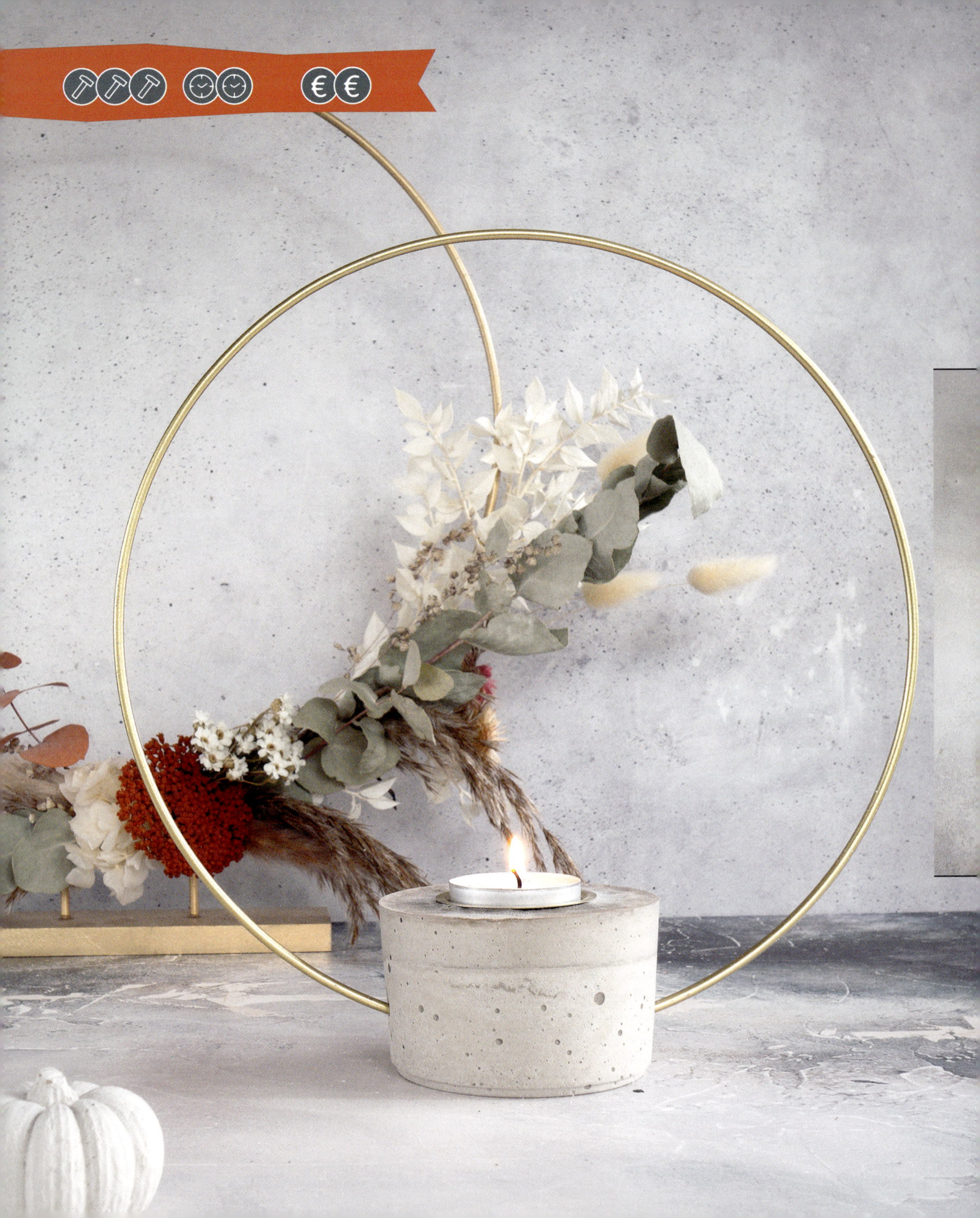

Ringteelicht

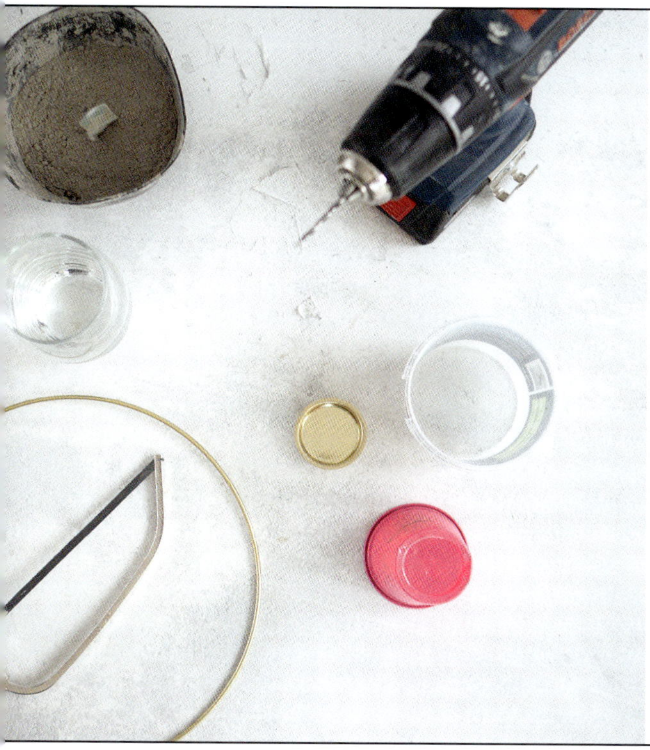

Material

- ✓ Betonpulver
- ✓ Wasser
- ✓ Plastikbecher
- ✓ Einmalbecher
- ✓ Metallring (Durchmesser ca. 25 cm)
- ✓ Teelicht-Tülle

Werkzeug

- ✓ Akkuschrauber mit Bohrer
- ✓ Metallsäge

Akzente in Gold sind gerade ebenso angesagt wie Blumenringe zum Hängen oder Stellen. Kombinieren wir doch diese Trends zu einem Ringteelicht und fügen sogar noch gekonnt gegensätzliche Materialien – wie den filigranen Ring und den robusten Betonsockel – zusammen. Perfect match!

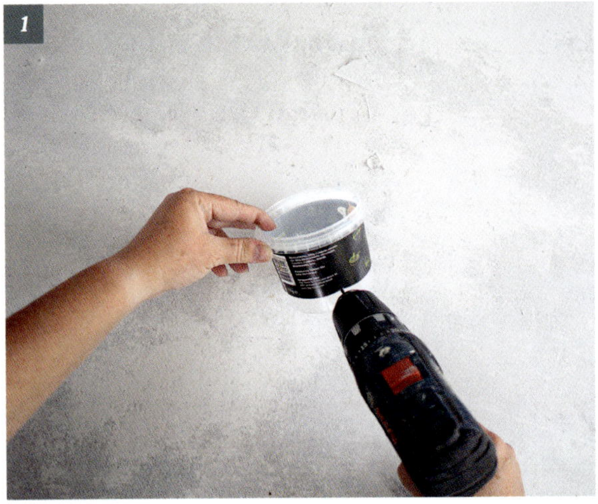

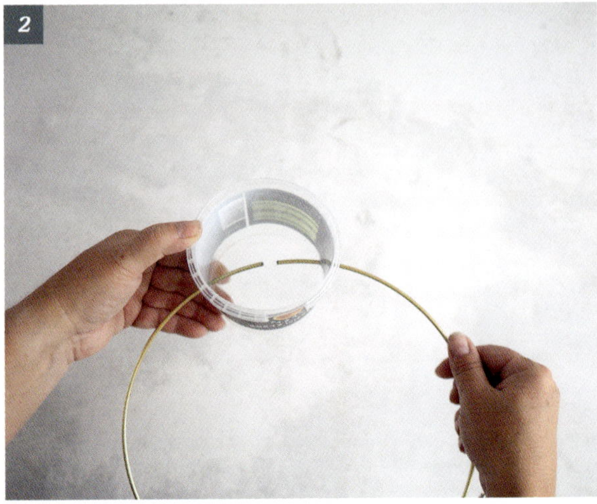

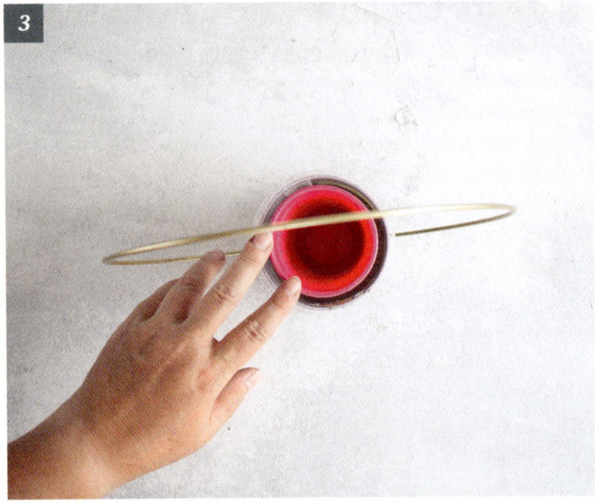

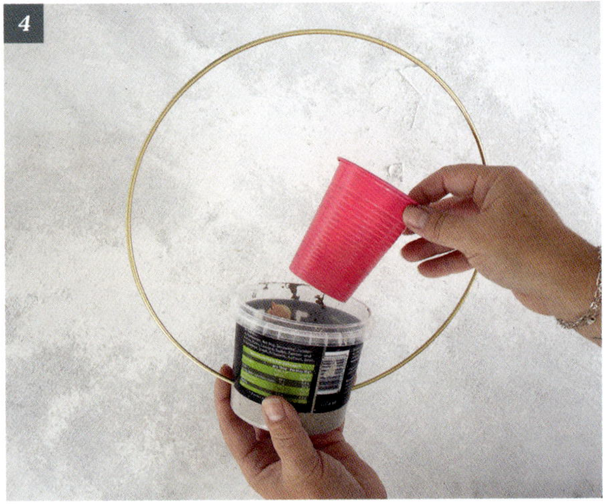

1. Bohre mit dem Akkubohrer zwei sich gegenüberliegende Löcher in den Plastikbecher.

2. Säge den Metallring an einer Stelle durch und ziehe ihn so durch die Löcher im Plastikbecher, dass die Sägestelle innerhalb des Bechers liegt.

3. Mische das Betonpulver mit Wasser im angegebenen Mischungsverhältnis und fülle die Masse in den Plastikbecher. Den Einmalbecher drückst du dann in die noch zähflüssige Masse. Achte darauf, dass er mittig sitzt und so tief in die Masse gedrückt wird, dass später eine Teelicht-Tülle Platz hat. Lasse alles gut durchtrocknen.

4. Danach entfernst du den Einmalbecher.

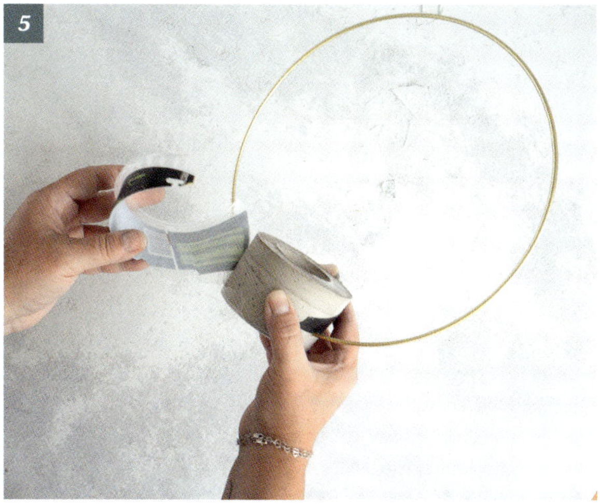

5. Schneide den Plastikbecher seitlich ein und entferne ihn vorsichtig von deinem Betonsockel.

6. Zuletzt setzt du die Teelicht-Tülle ein. Jetzt fehlt nur noch das passende Teelicht und ein bevorstehendes stilvolles Candle-Light-Dinner!

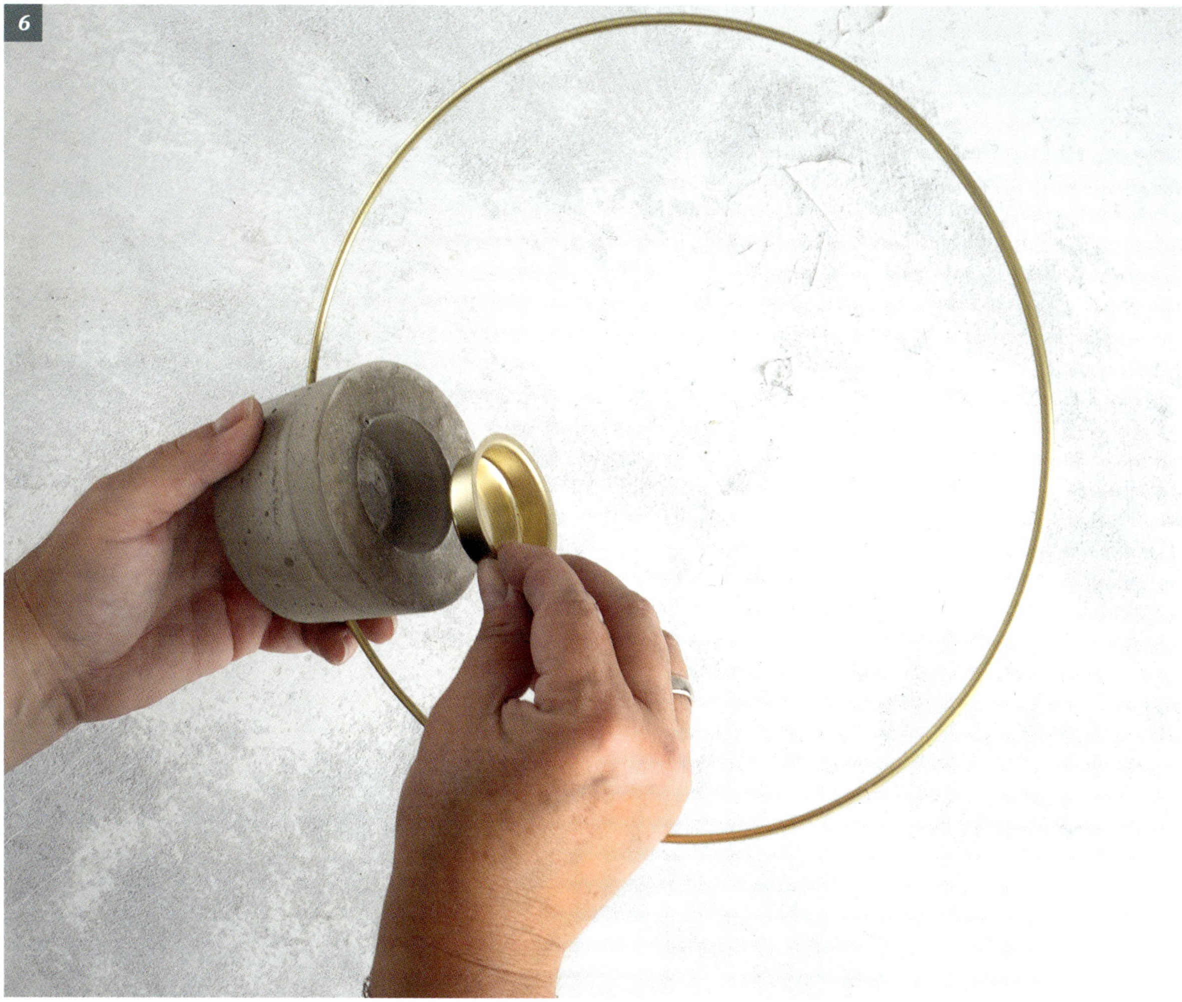

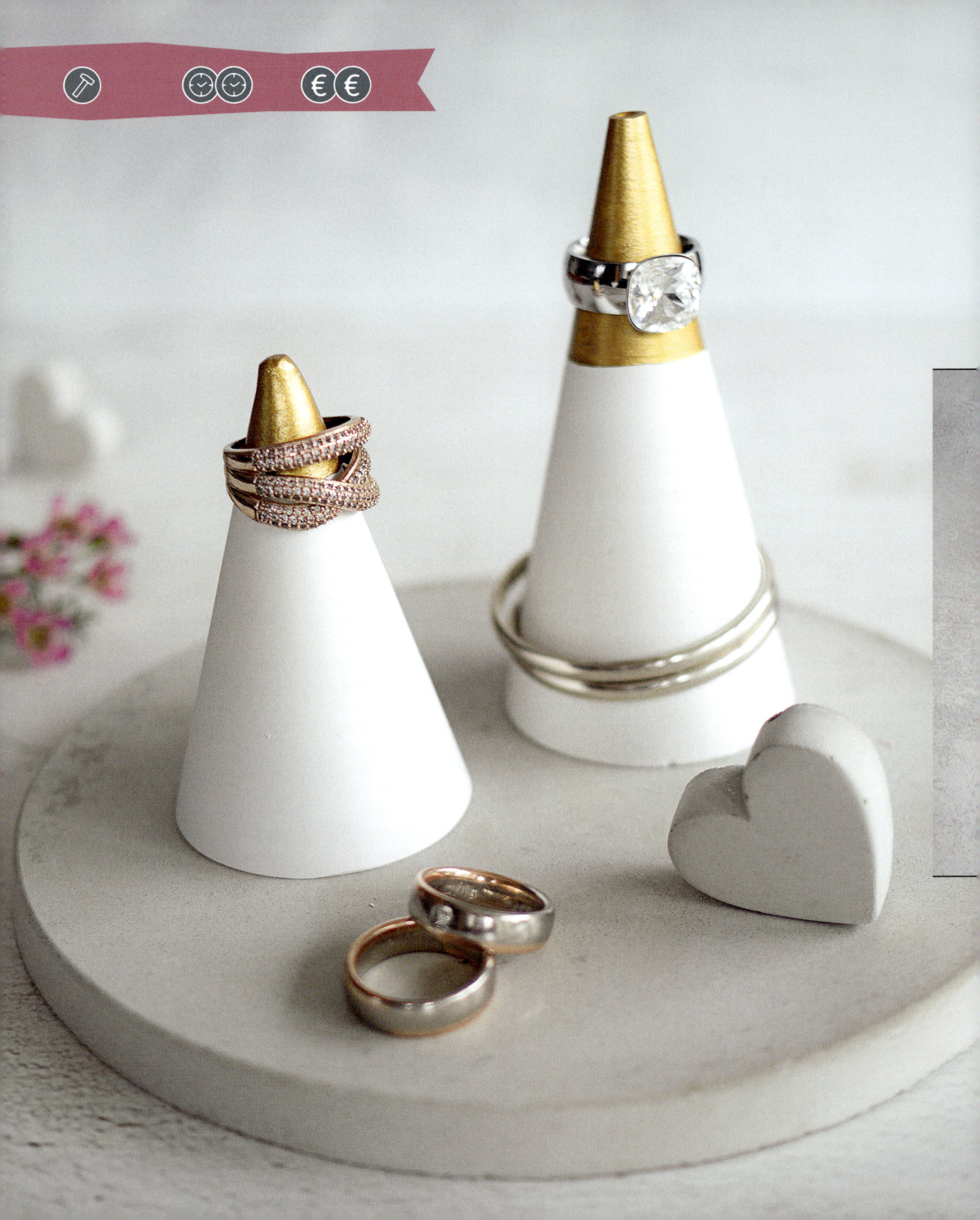

Ringehalter

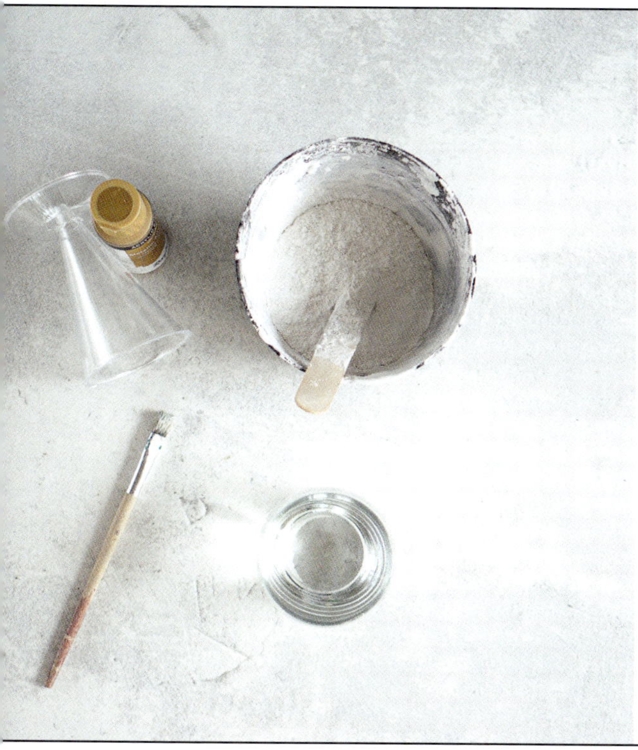

Material

✓ Gießpulver (z. B. Raysin von Rayher)
✓ Wasser
✓ Farbe (z. B. Acrylfarbe in Gold)

Werkzeug

✓ Kerzengießform aus Acryl
✓ Malerkrepp
✓ Schleifpapier (ca. 120er-Körnung)
✓ Pinsel

Beim Duschen schnell die Ringe ablegen – aber wohin? Mit diesen schicken Ringehaltern haben deine Schmuckstücke einen sicheren Platz. Und wenn die kleinen Alltagshelfer gerade keine deiner Kostbarkeiten aufbewahren, sehen sie auch so einfach toll aus.

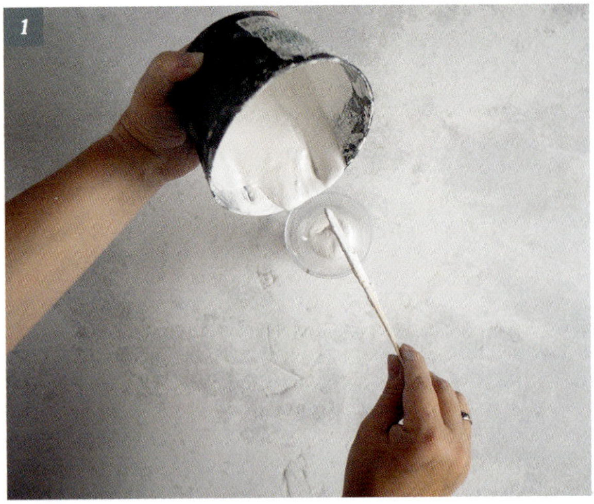

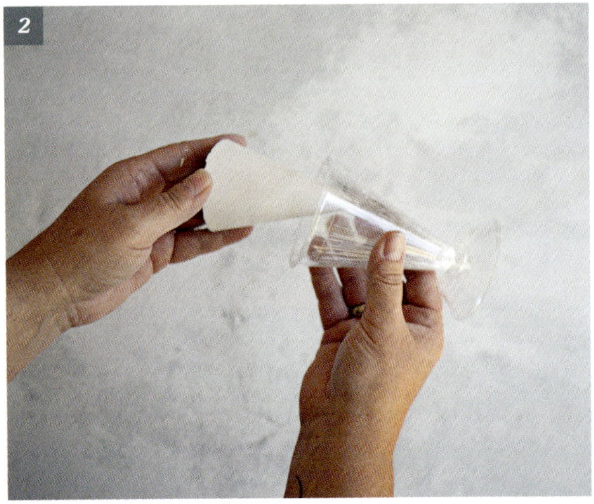

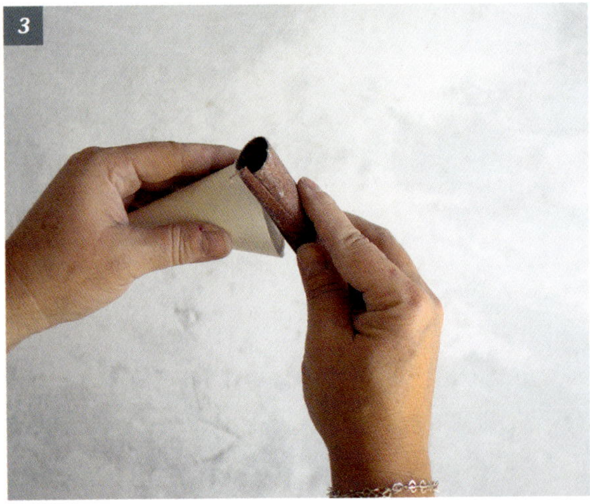

1. Dichte vor dem Gießen das Loch für den Docht in der Kerzengießform mit Malerkrepp ab. Dann rührst du das Gießpulver mit Wasser im angegebenen Mischungsverhältnis an und füllst die Masse in die Kerzengießform.

2. Nun lässt du – am besten über Nacht – alles gut durchtrocknen. Danach löst du die Gießmasse vorsichtig aus der Form.

3. Dann schleifst du die Gießkante mit Schleifpapier glatt.

4. Male die Spitze deines Ringehalters mit Farbe (z. B. in Gold) an – bei Bedarf klebst du die Spitze vorher mit Malerkrepp ab. Und schon hast du einen wunderschönen Ringehalter – der im Übrigen auch für die Präsentation eines Verlobungsringes oder als Ringe-„Kissen“ für (d)eine Hochzeit der absolute Hammer ist.

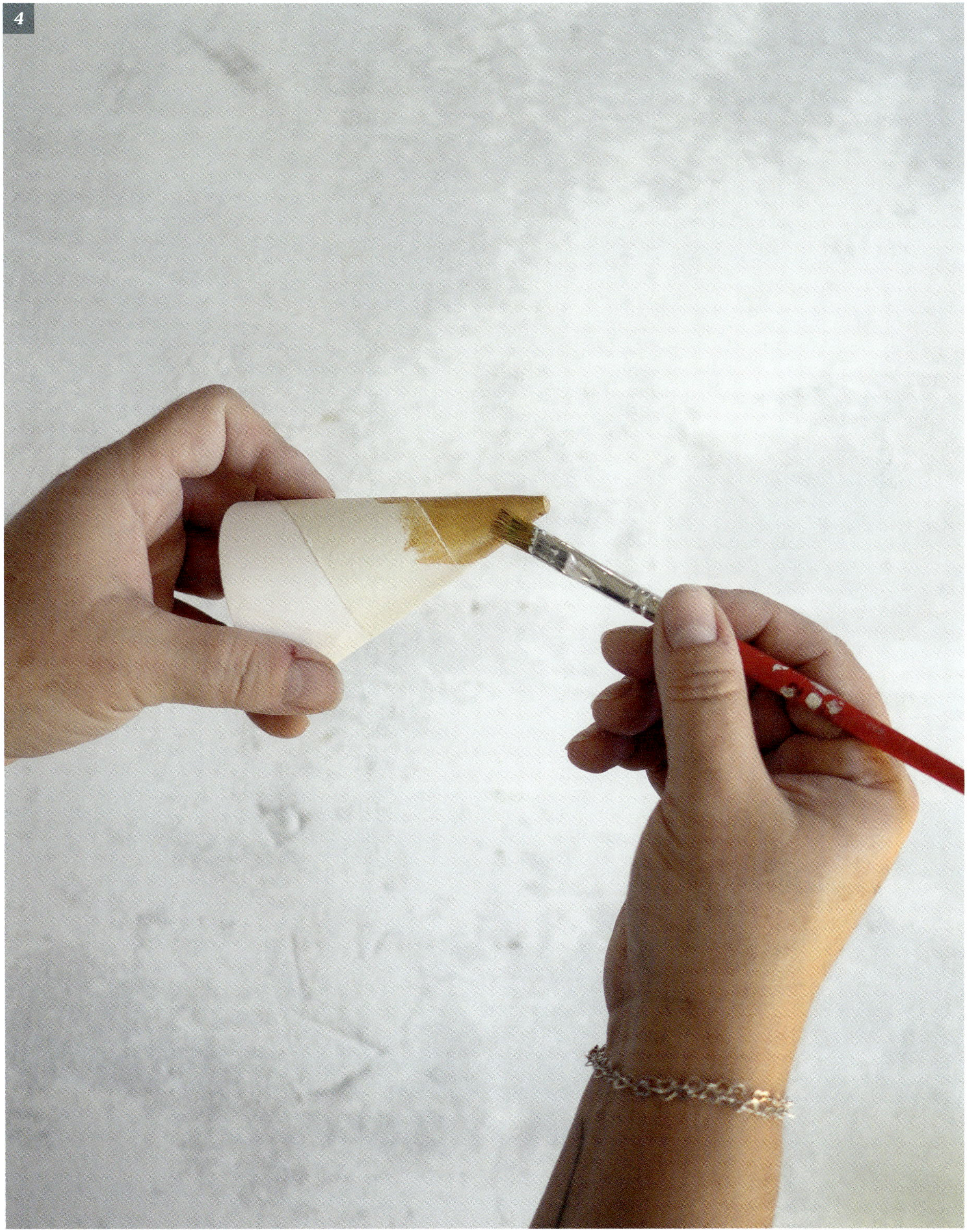
4

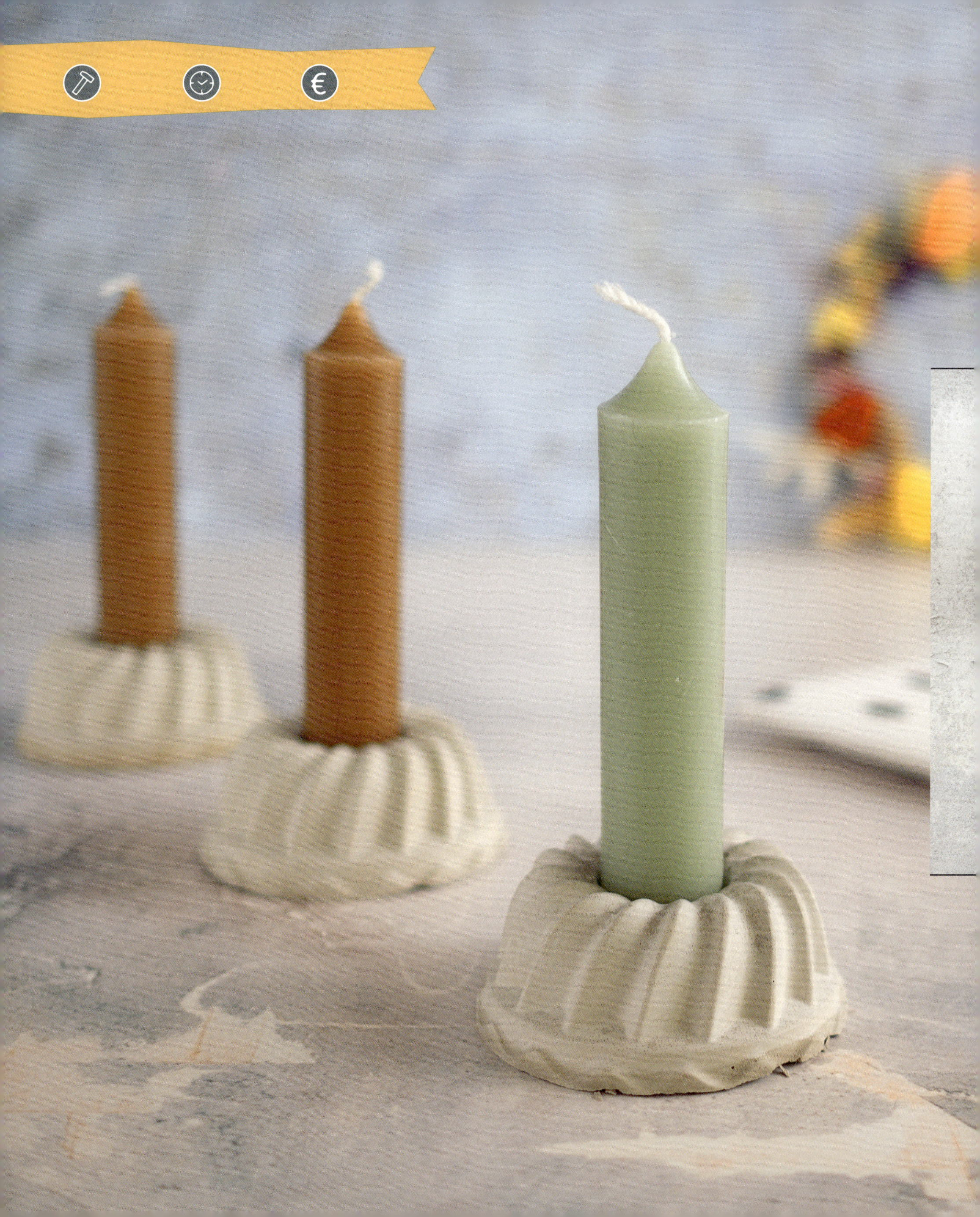

Gugelhupf-Kerzenständer

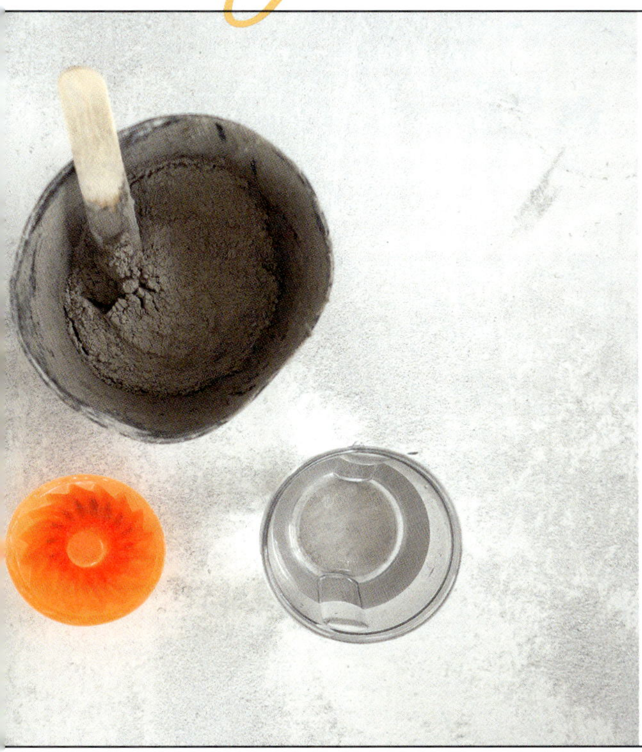

Material
- ✓ Betonpulver
- ✓ Wasser
- ✓ goldene Farbe bei Bedarf

Werkzeug
- ✓ Silikon-Gugelhupf-Backform
- ✓ Pinsel bei Bedarf
- ✓ Zahnbürste bei Bedarf

Diese süßen Kerzenständer eignen sich perfekt als kleine Aufmerksamkeit zum Geburtstag oder für den Geburtstagstisch. In Form eines leckeren Gugelhupfes machen sie sowohl in Beton pur als auch in deiner Lieblingsfarbe eine gute Figur – lasse deiner Kreativität einfach freien Lauf.

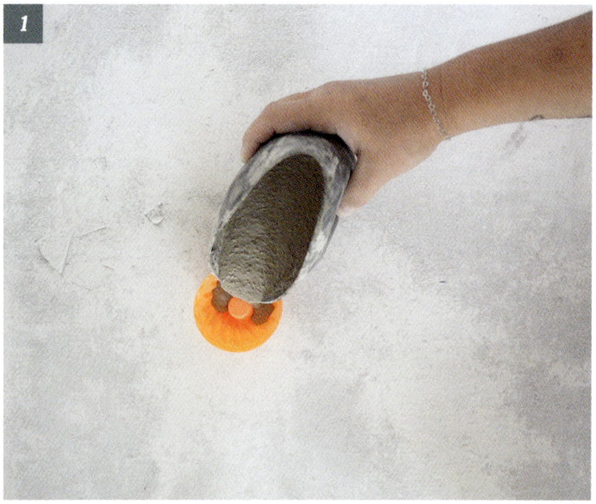

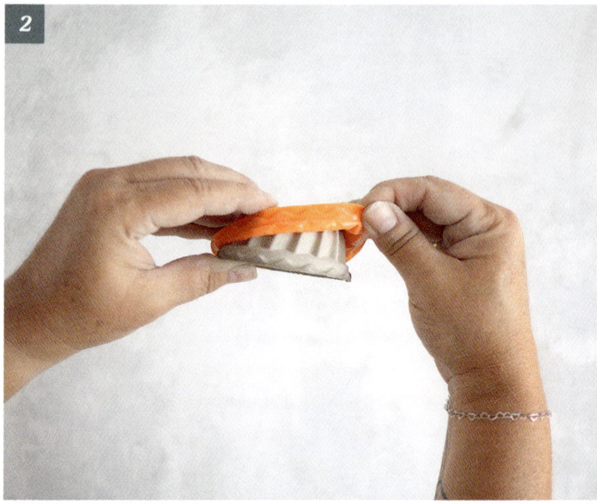

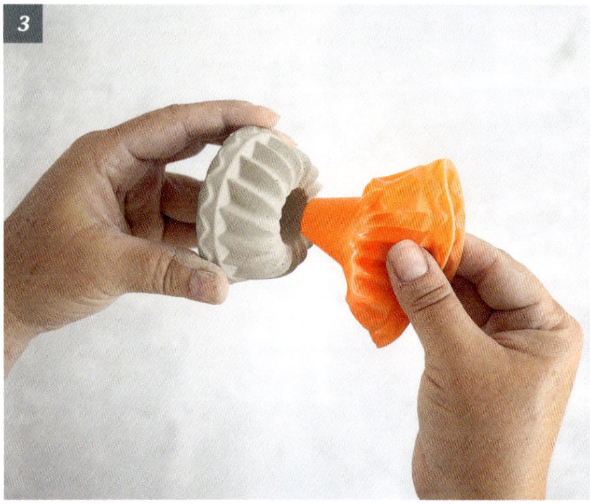

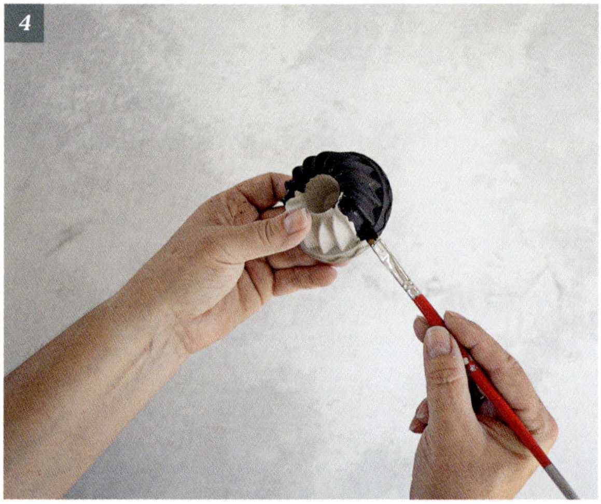

1. Rühre das Betonpulver mit Wasser im angegebenen Mischungsverhältnis an und fülle die Masse in die Silikonform. Lasse alles gut trocknen – am besten über Nacht.

2. Danach löst du die Form vom Beton.

3. Schlicht, zurückhaltend, ganz Beton – so erstrahlt deiner neuer Kerzenständer.

4. Du magst es aber etwas raffinierter und in Farbe? Dann streiche deinen Gugelhupf in deiner Lieblingsfarbe an.

5. Mit „Puderzucker“ in Form von goldenen Farbspritzern, die du mit einer Zahnbürste aufsprenkelst, gibst du deinem Gugelhupf-Kerzenständer das besondere Etwas.

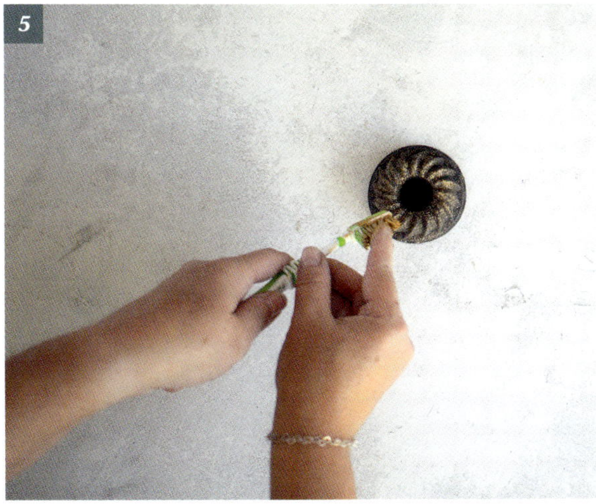

5

6. Fertig ist der Kerzenständer in Farbe, der – genau wie der in Beton pur – immer ein Hingucker ist.

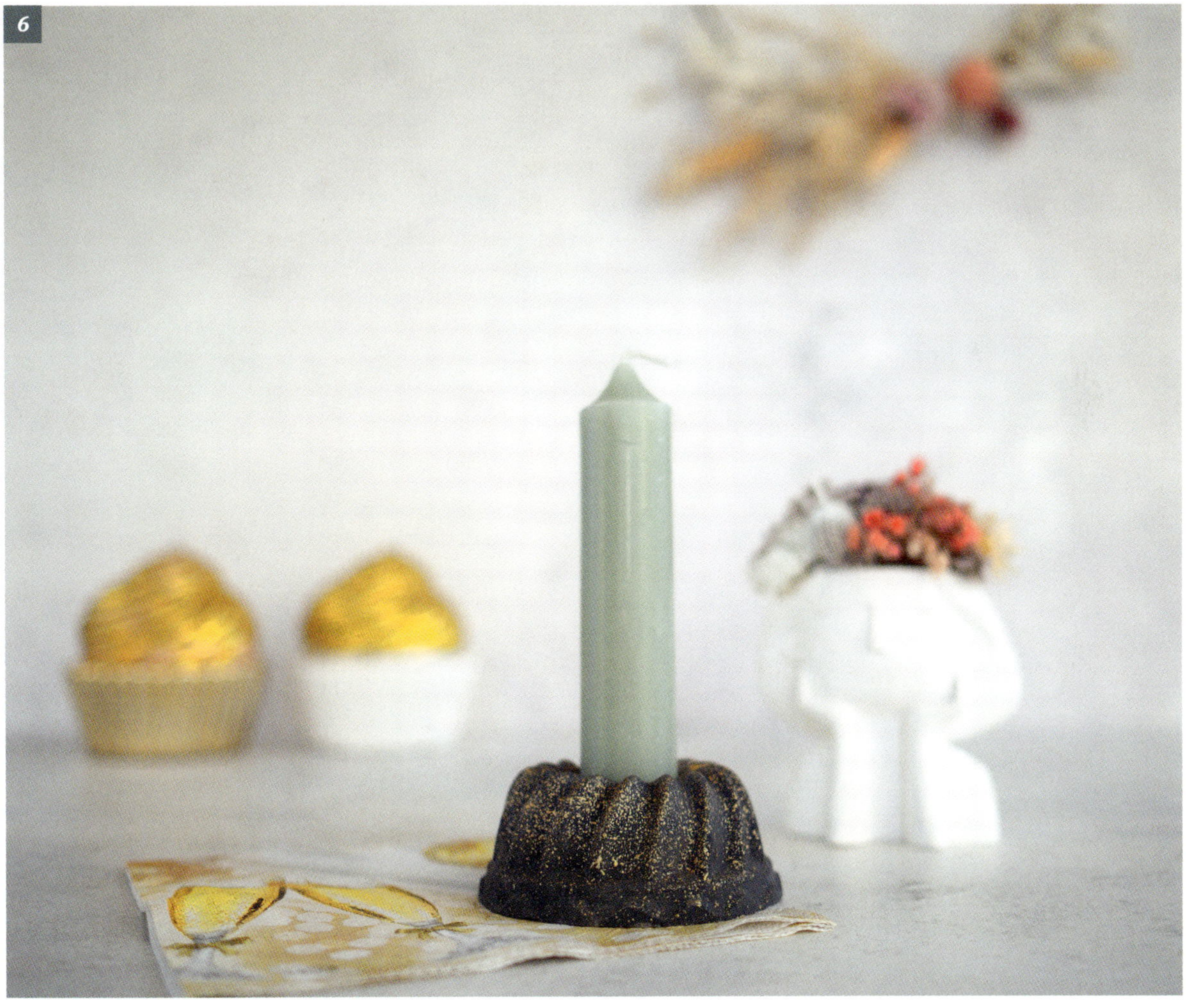

6

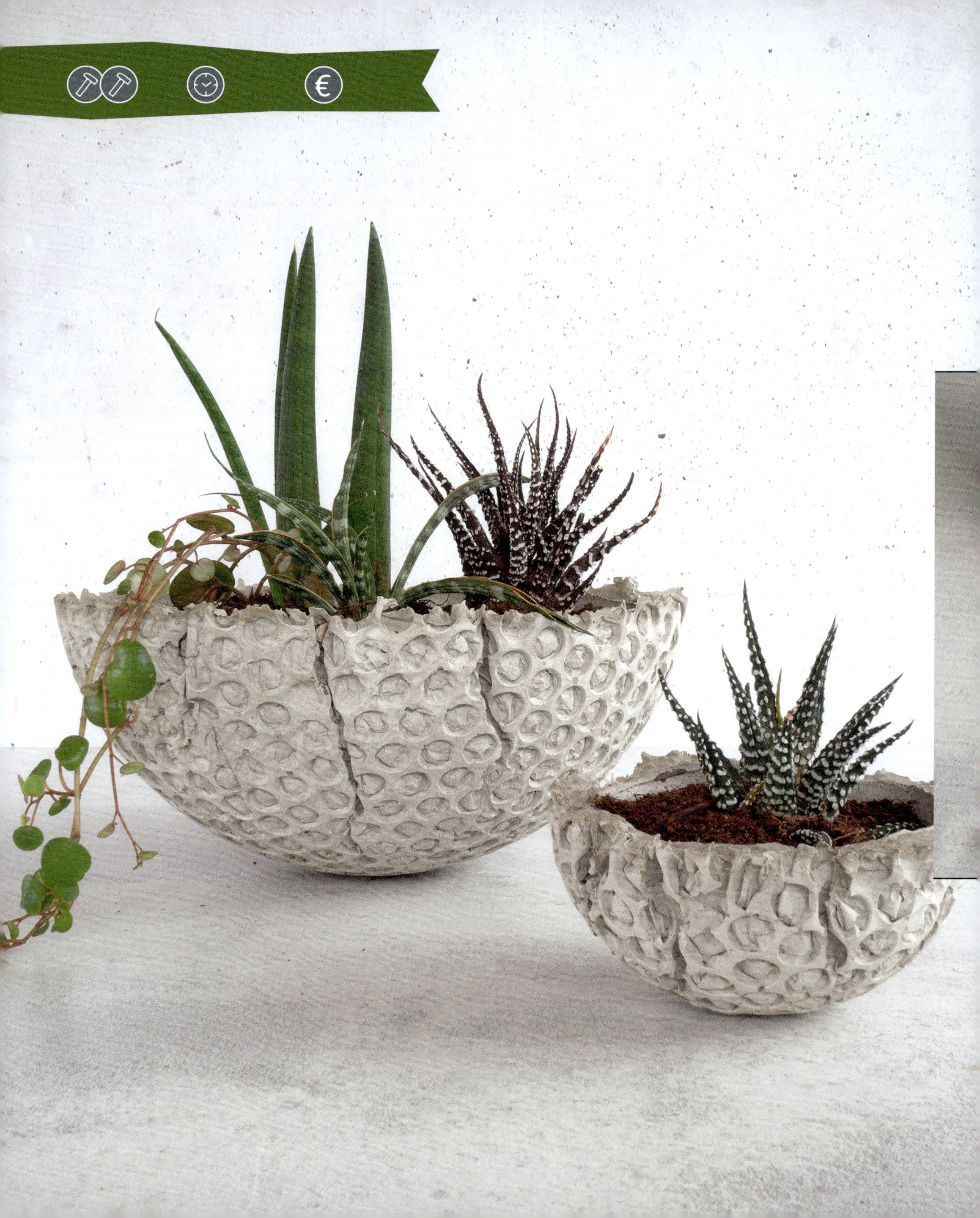

Pflanzschale

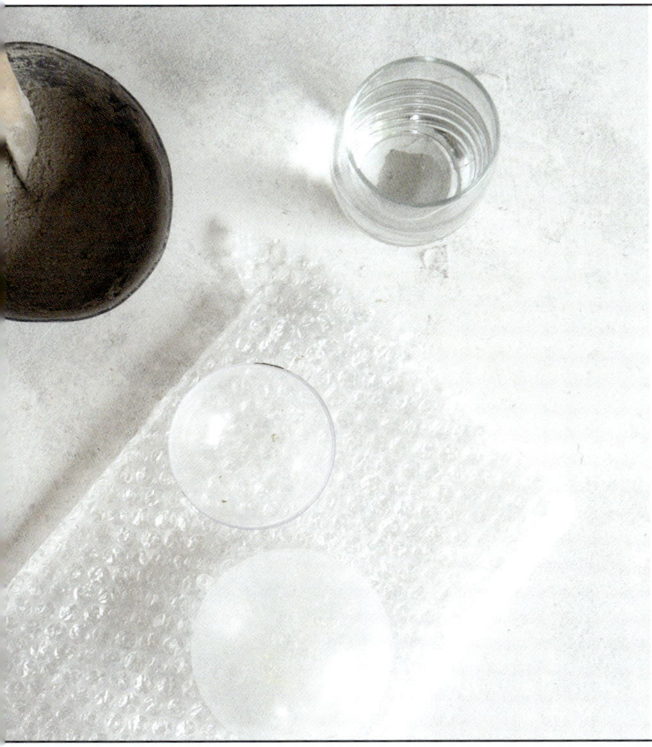

Material

- ✓ Betonpulver
- ✓ Wasser
- ✓ Blasenfolie
- ✓ Speiseöl
- ✓ Tondicht bei Bedarf

Werkzeug

- ✓ Acryl-Halbkugeln in 2 verschiedenen Größen
- ✓ Pinsel

Diese hübschen Beton-Pflanzschalen überraschen mit tollem Muster. Minimaler Aufwand – großer Effekt. Kaum zu glauben, was man mit etwas Blasenfolie so alles zaubern kann. Probiere es aus. Du wirst staunen – und andere sicher auch.

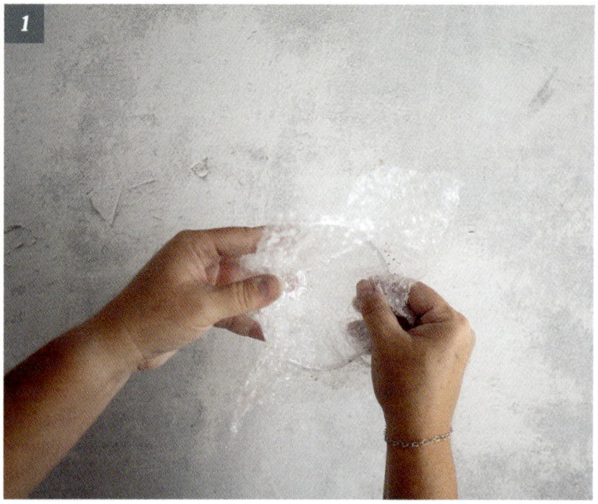

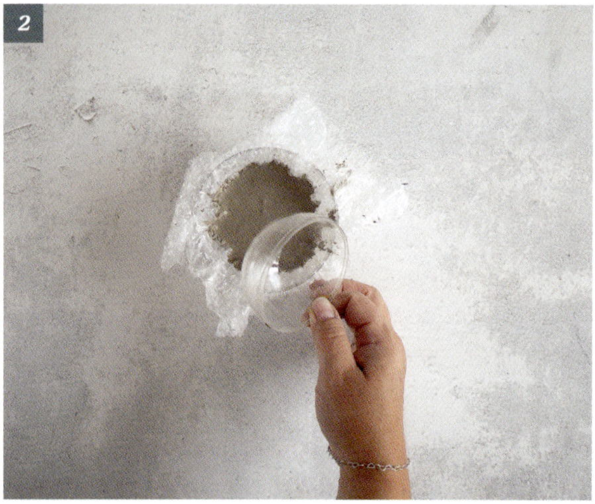

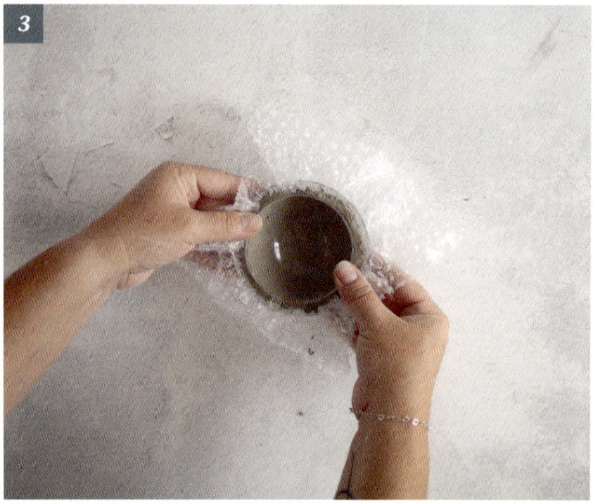

1. Lege die größere der Acryl-Halbkugeln mit Blasenfolie aus.

2. Rühre das Betonpulver mit Wasser im angegebenen Mischungsverhältnis an und fülle die Masse in die große Acryl-Halbkugel. Die Masse gießt du dabei schön gleichmäßig auf die Blasenfolie.

3. Um die zweite Halbkugel später gut aus dem Beton lösen zu können, pinselst du sie vorab außen mit etwas Speiseöl ein. Dann drückst du sie vorsichtig in die Betonmasse, zwischen den beiden Halbkugeln sollte dabei ein Abstand von ca. 1 cm sein. Lasse alles gut durchtrocknen.

4. Danach löst du zuerst die kleinere Halbkugel aus dem Beton.

5. Löse die größere Schale vom Beton.

6. Dann ziehst du vorsichtig die Blasenfolie von der Schale ab.

7. Wenn du die Schale einfach nur als solche verwenden möchtest, ist sie jetzt fertig.

   Wenn darin Pflanzen einziehen sollen, empfiehlt es sich, die Schale vorab mit Tondicht auszuschwenken und gut durchtrocknen zu lassen. So kannst du deine Pflanzen später gießen und der Beton zieht kein Wasser. Fehlt nur noch: bepflanzen – dekorieren – staunen.

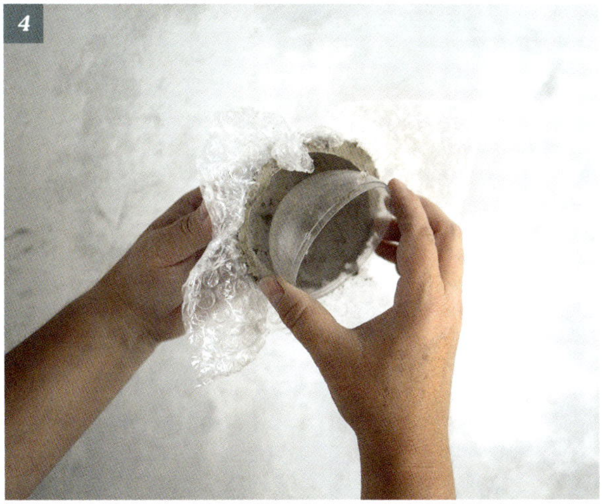
4
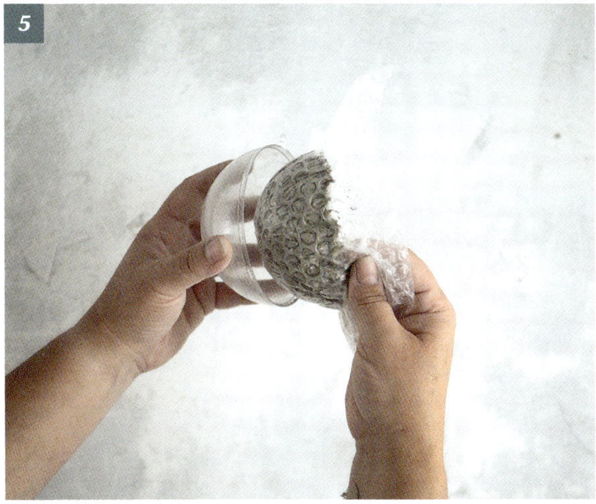
5
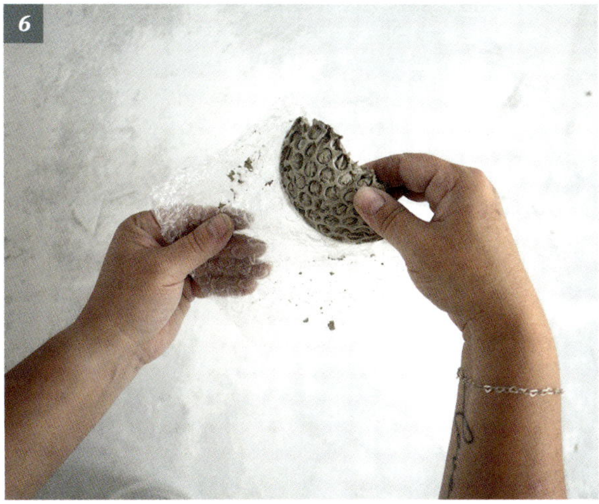
6
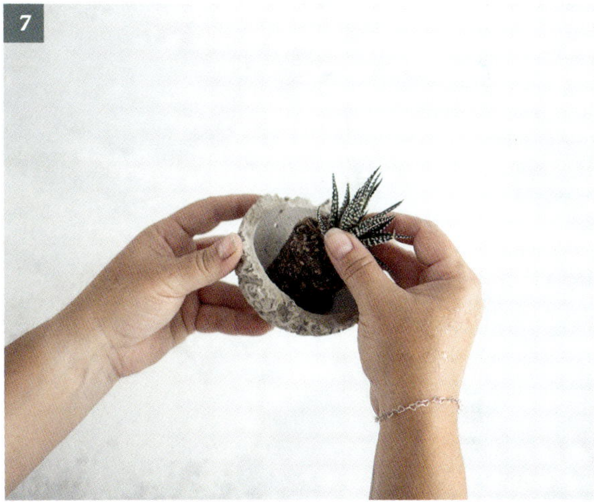
7

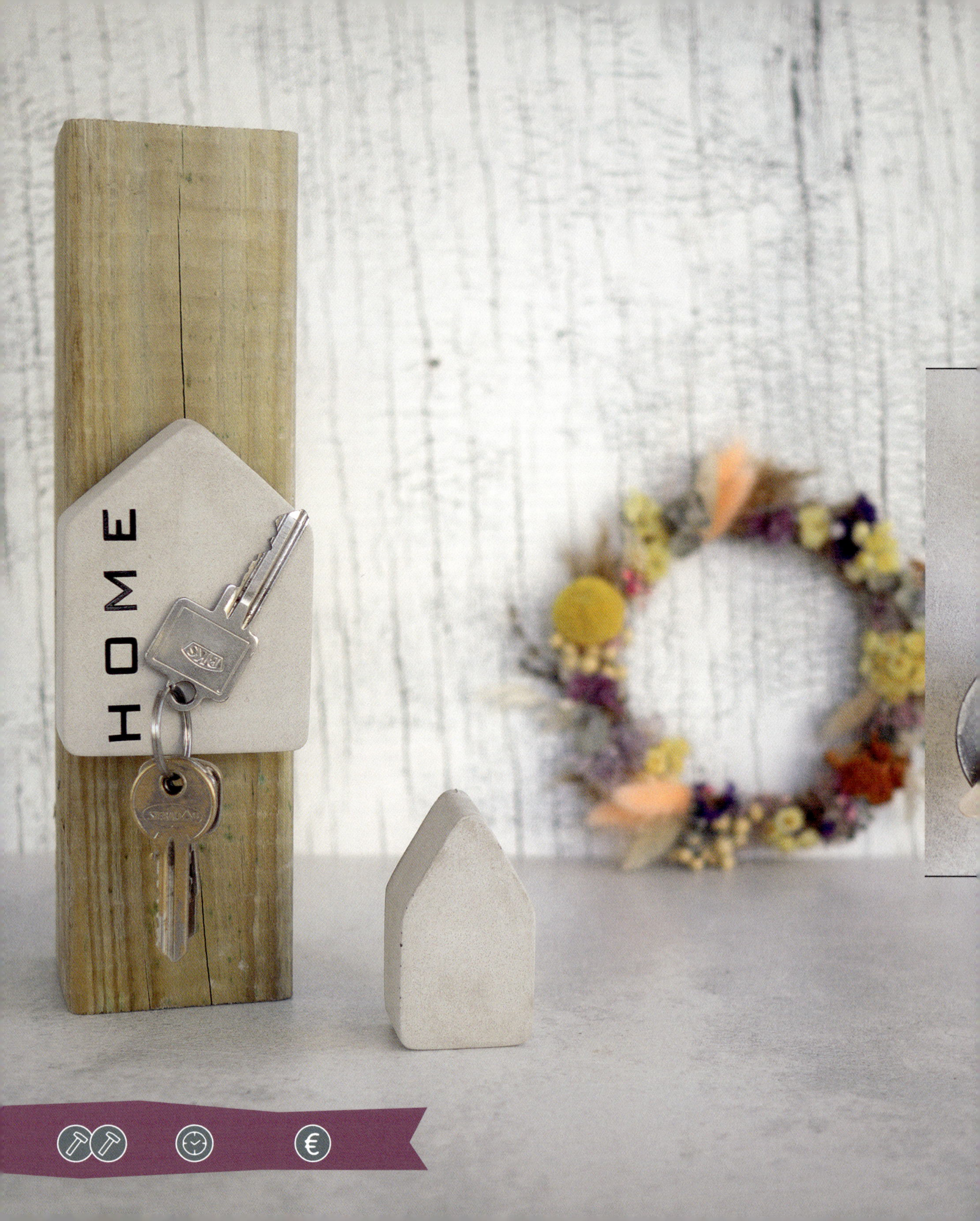
HOME

Schlüsselhalter

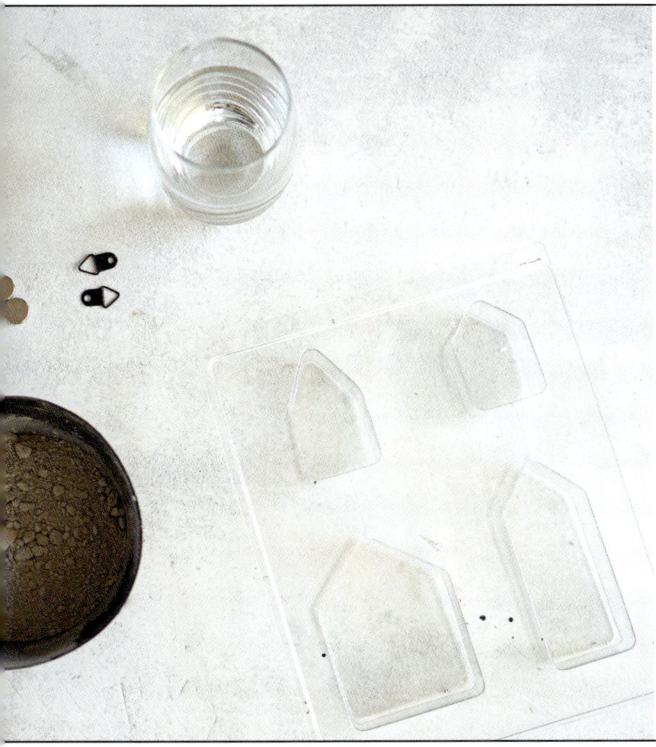

Material

- ✓ Betonpulver
- ✓ Wasser
- ✓ Speiseöl
- ✓ Kleiner Magnet (extrastark)
- ✓ Bildaufhänger
- ✓ Farbe, Vinylfolie bei Bedarf

Werkzeug

- ✓ Gießform Häuser (z. B. von Rayher)
- ✓ Pinsel

Suchen nach dem Schlüssel macht wirklich keinen Spaß. Wie praktisch dagegen, wenn er seinen festen Platz hat und griffbereit ist, wenn man das Haus verlässt. Aber auch ganz ohne Schlüssel macht dieser magnetische Schlüsselhalter eine gute Figur und versteckt seine Funktion gekonnt.

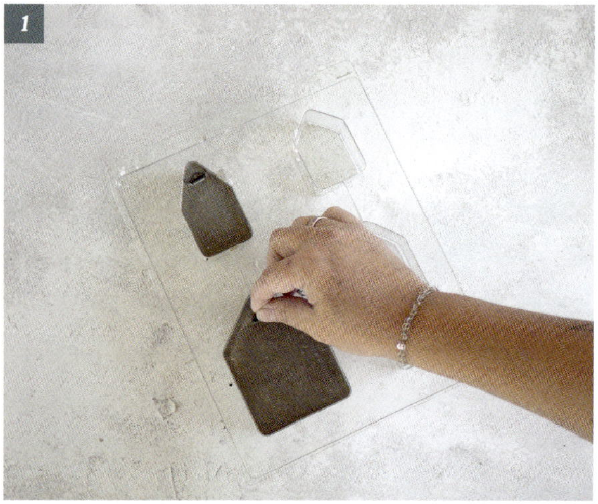

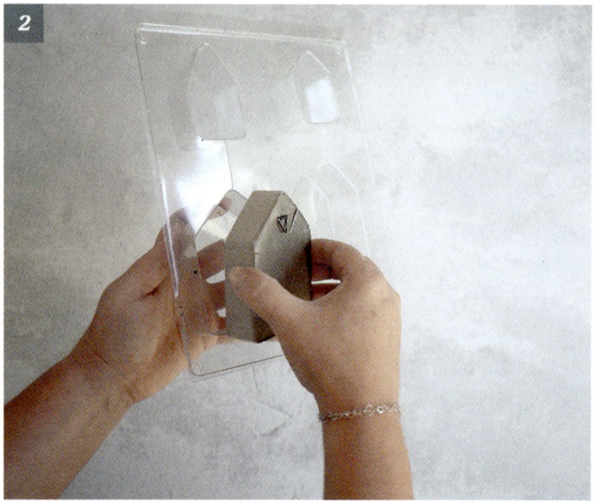

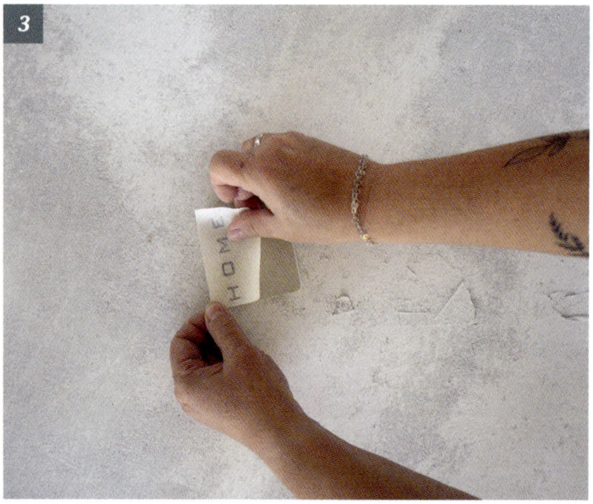

1. Streiche deine Gießform mit etwas Speiseöl ein. Rühre das Betonpulver mit Wasser im angegebenen Mischungsverhältnis an und fülle die Masse in deine Gießform. In die noch feuchte Masse versenkst du den Magneten. Lasse ihn bis zum Boden der Gießform einsinken und hilf ggf. mit einem Stab nach. Den Bildaufhänger steckst du ebenfalls in den noch zähflüssigen Beton. Lasse alles gut durchtrocknen.

2. Danach löst du dein Betonhäuschen aus der Form.

3. Wenn du magst, kannst du dein Häuschen nun auch noch verzieren. Entweder du bemalst es oder du klebst Motive auf.

4. Ich habe bei meinem Häuschen mit Vinylfolie das Wort „HOME“ aufgeklebt. Hier kannst du aber deiner Fantasie freien Lauf lassen und dein Häuschen auch pur belassen. Aufhängen. Fertig. Der Schlüssel haftet durch den Magneten am Beton – einfach magisch! Mit dem eingegossenen Aufhänger kannst du den Schlüsselhalter jetzt an einer Schraube oder einem Nagel aufhängen.

4

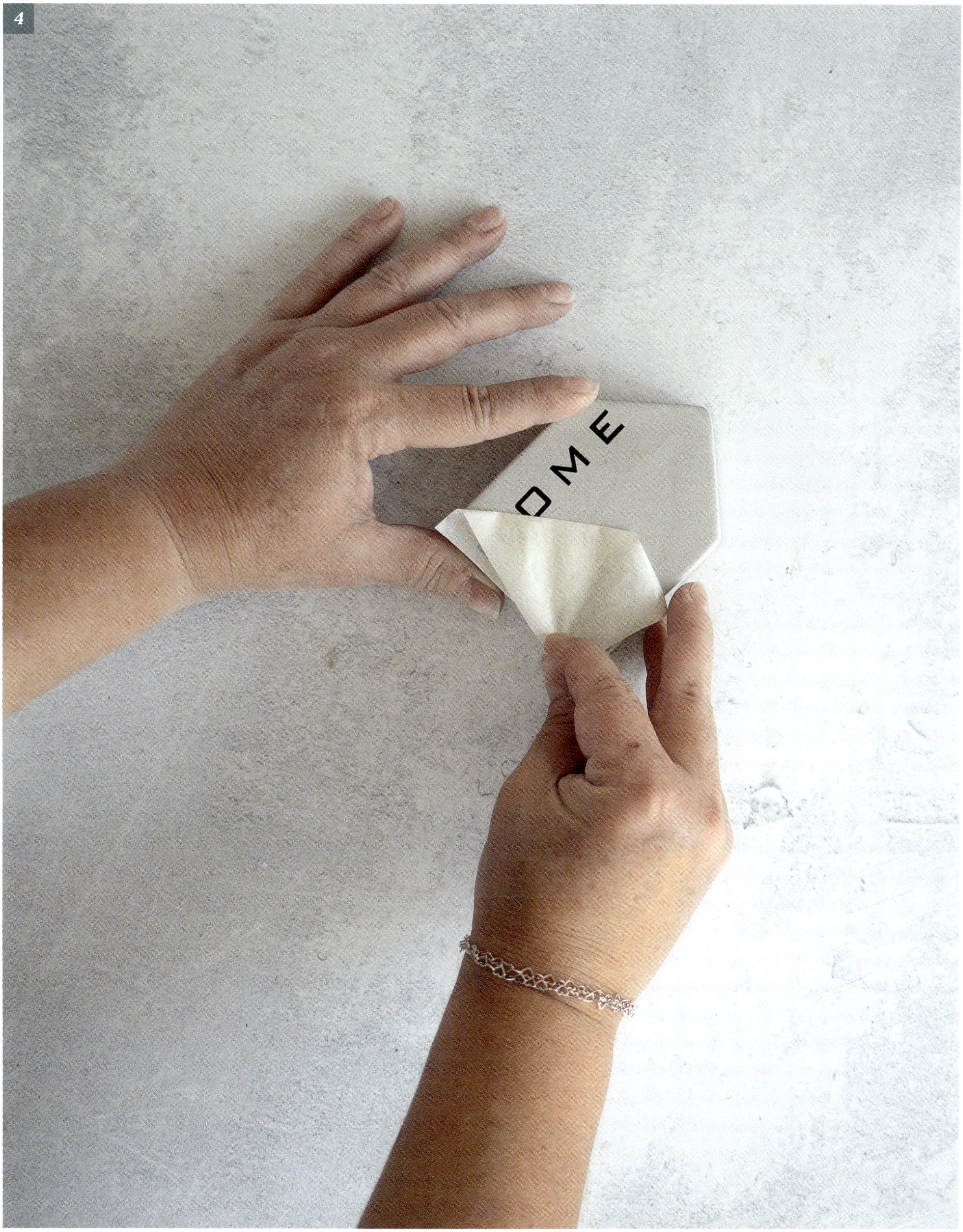

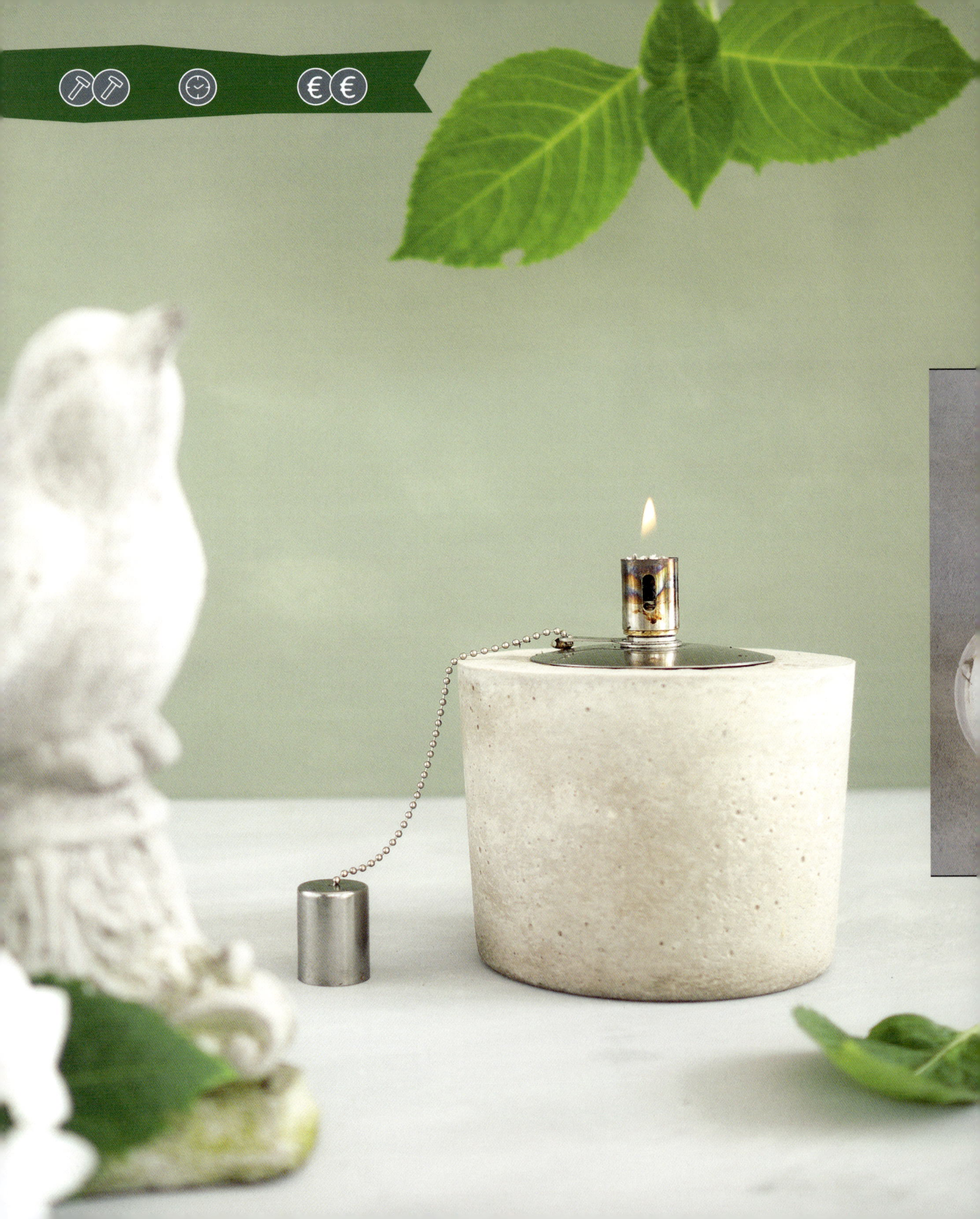

Öllampe

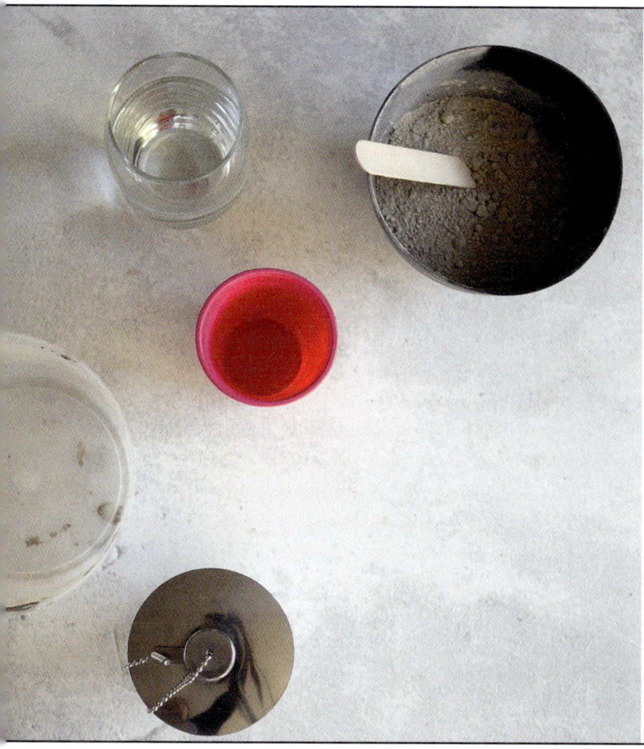

Material
- ✓ Betonpulver
- ✓ Wasser
- ✓ Plastikbecher, größer als der Einmalbecher
- ✓ Einmalbecher
- ✓ Speiseöl
- ✓ Öllampen-Einsatz

Werkzeug
- ✓ Pinsel
- ✓ Sand, kleine Steine bei Bedarf

Lauschige Sommerabende auf Terrasse oder Balkon genießt man mit einem erfrischenden Getränk und am besten bei Kerzenschein. Eine hübsche Öllampe im Betonsockel übernimmt gern Letzteres und ist dabei auch noch absolut sturmsicher dank ihres Gewichtes.

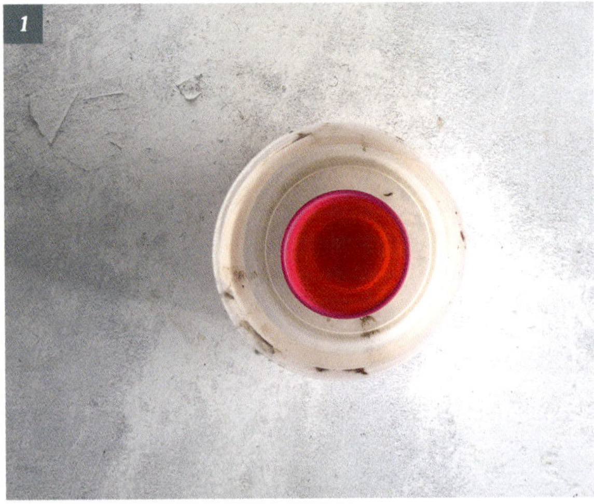

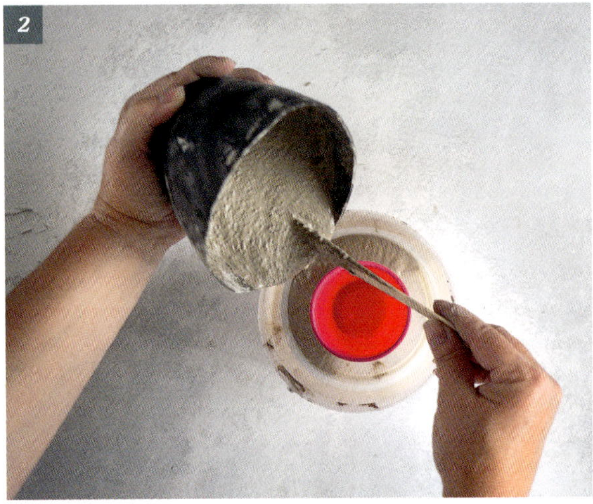

1. Damit sich die Becher später gut vom Beton lösen lassen, streichst du den Plastikbecher von innen und den Einmalbecher von außen mit Speiseöl ein. Platziere den Einmalbecher in der Mitte des Plastikbechers und beschwere ihn mit Sand, Wasser oder kleinen Steinen.

2. Mische das Betonpulver mit Wasser im angegebenen Mischungsverhältnis und fülle die Masse in den Plastikbecher. Die Füllhöhe sollte sich dabei an der Höhe deines Öllampen-Einsatzes orientieren. Lasse alles gut durchtrocknen.

3. Danach entfernst du den Einmalbecher und löst den Betonsockel vorsichtig aus der Form.

4. Zuletzt musst du nur noch den Öllampen-Einsatz einhängen. Und schon steht deinem lauschigen Abend auf Terrasse oder Balkon nichts mehr im Weg!

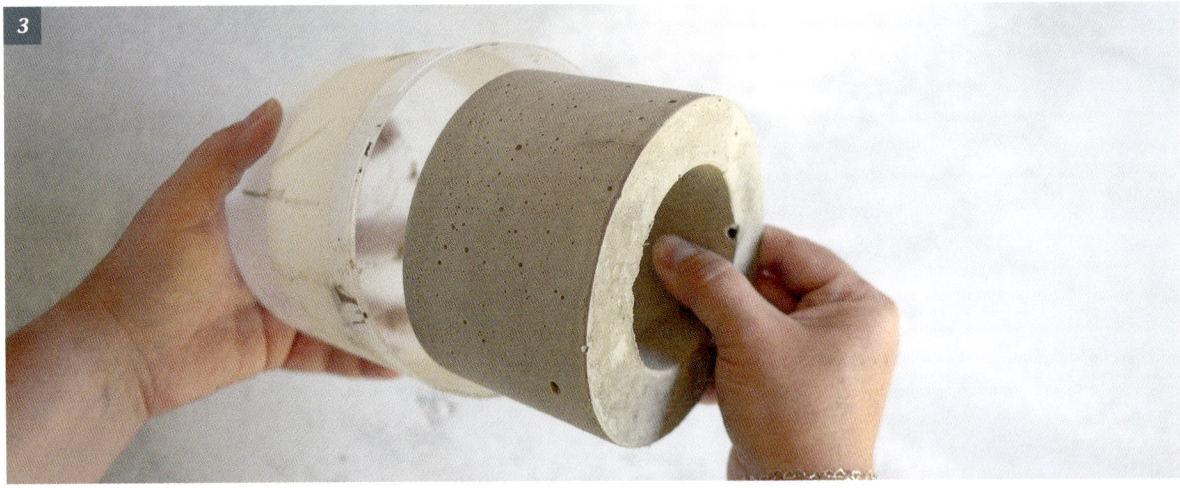

4

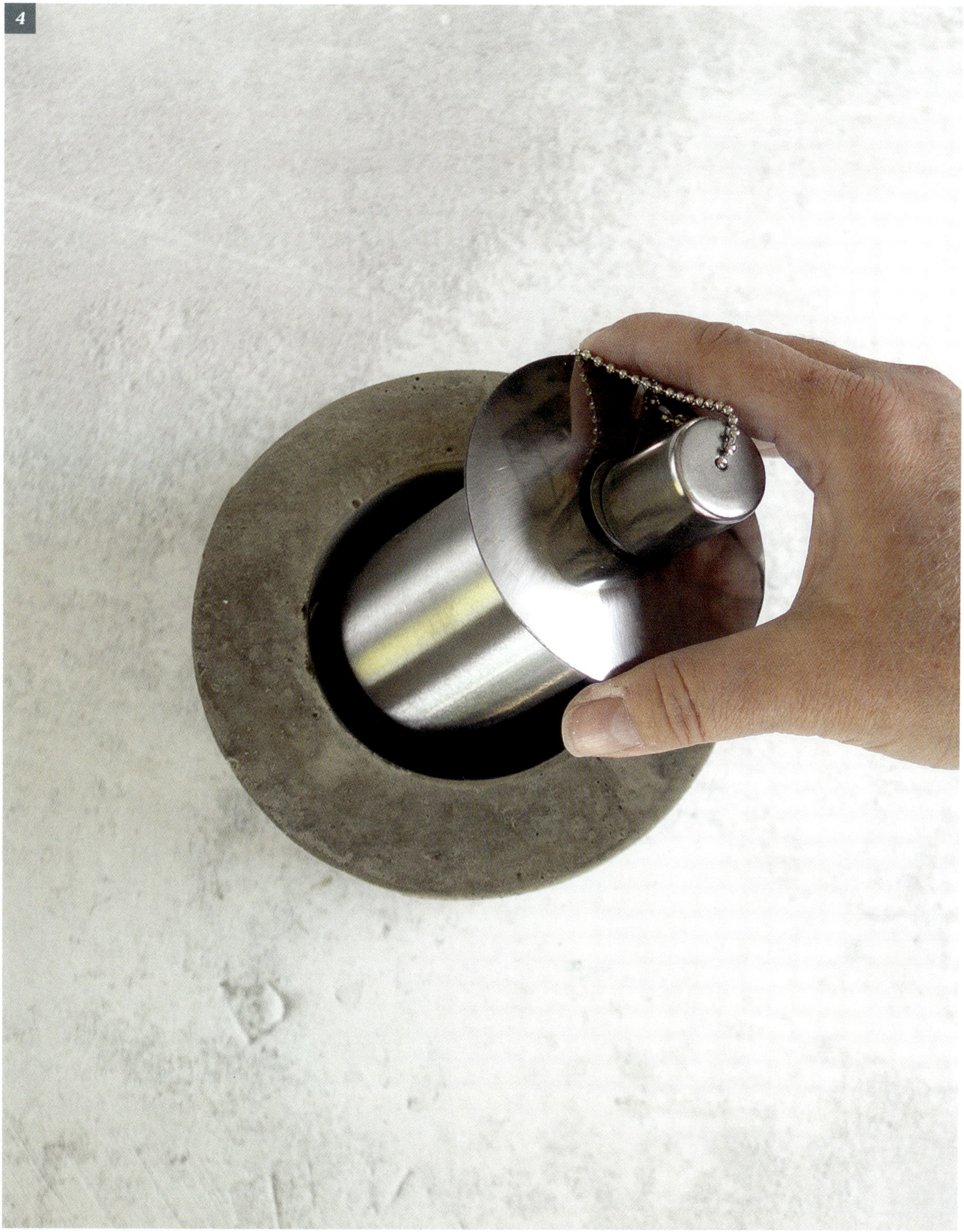

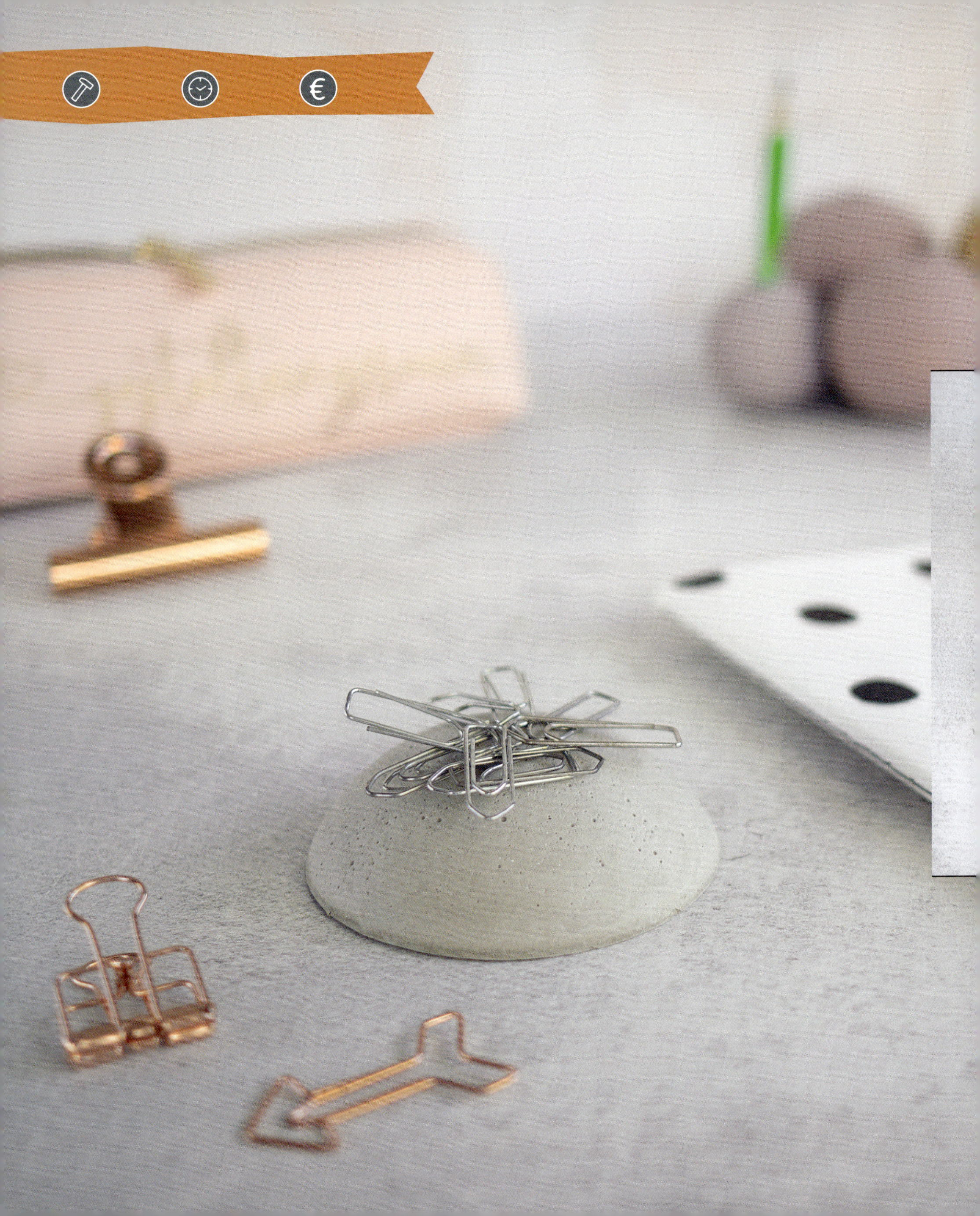

Büroklammerhalter

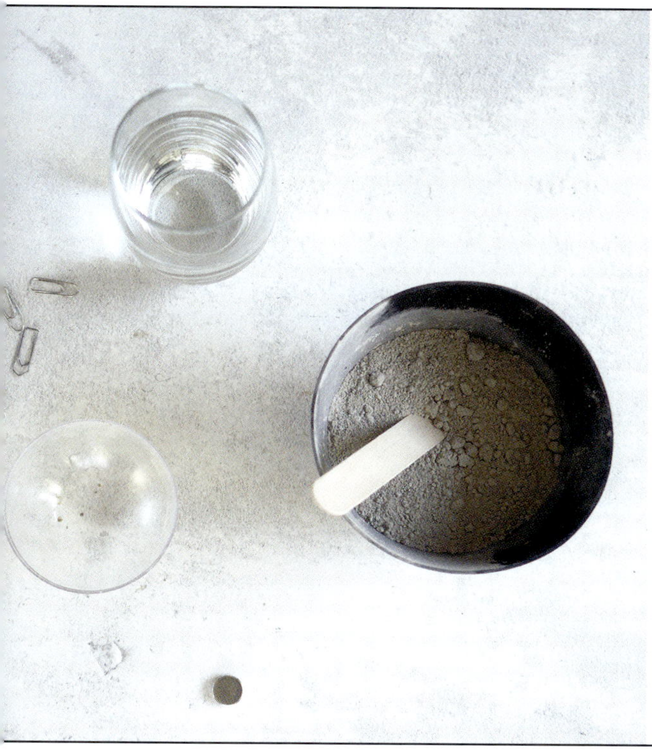

Material

- ✓ Betonpulver
- ✓ Wasser
- ✓ Kleiner Magnet (extrastark)

Werkzeug

- ✓ Acryl-Halbkugel
- ✓ Schleifpapier (120er-Körnung) bei Bedarf

Jeder wünscht sich einen aufgeräumten Schreibtisch. Dabei unterstützen kleine Ordnungshelfer – wenn die dann auch noch so stylish aussehen wie dieser moderne Büroklammerhalter, ist die Erledigung des Schreibkrams gleich nur noch halb so schlimm.

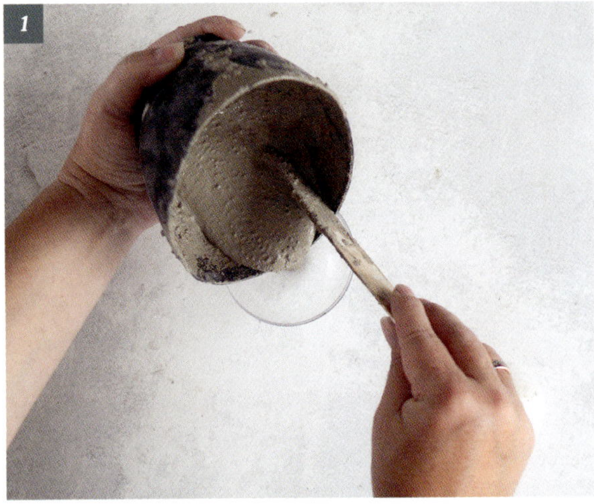

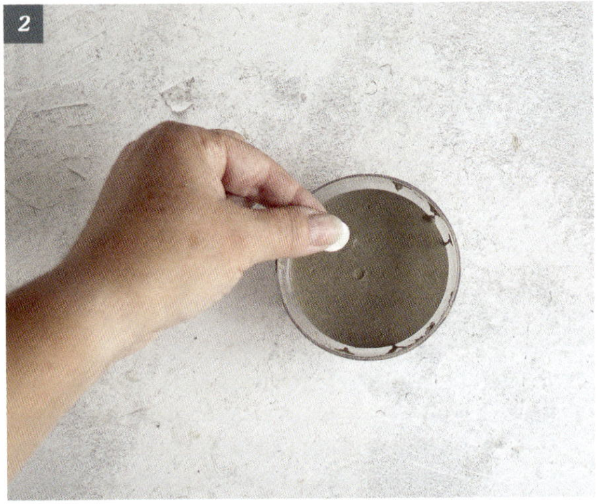

1. Mische das Betonpulver mit Wasser im angegebenen Mischungsverhältnis und fülle die Masse in die Acryl-Halbkugel.

2. Versenke den Magneten in die noch feuchte Masse. Lasse ihn bis zum Boden der Gießform einsinken und hilf ggf. mit einem Stab nach. Achte darauf, dass du den Magneten nicht bis ganz zum Boden drückst, da er sonst am Schluss zu sehen sein wird. Nun lässt du alles gut durchtrocknen.

3. Danach löst du die Halbkugel vorsichtig vom Beton. Bei Bedarf kannst du die Kanten mit Schleifpapier noch etwas glatt schleifen.

4. Fertig ist der Büroklammerhalter, der beides kann: hübsch und nützlich zugleich. Jetzt fehlen nur noch die Büroklammern, die wie von Geisterhand am Beton hängen bleiben.

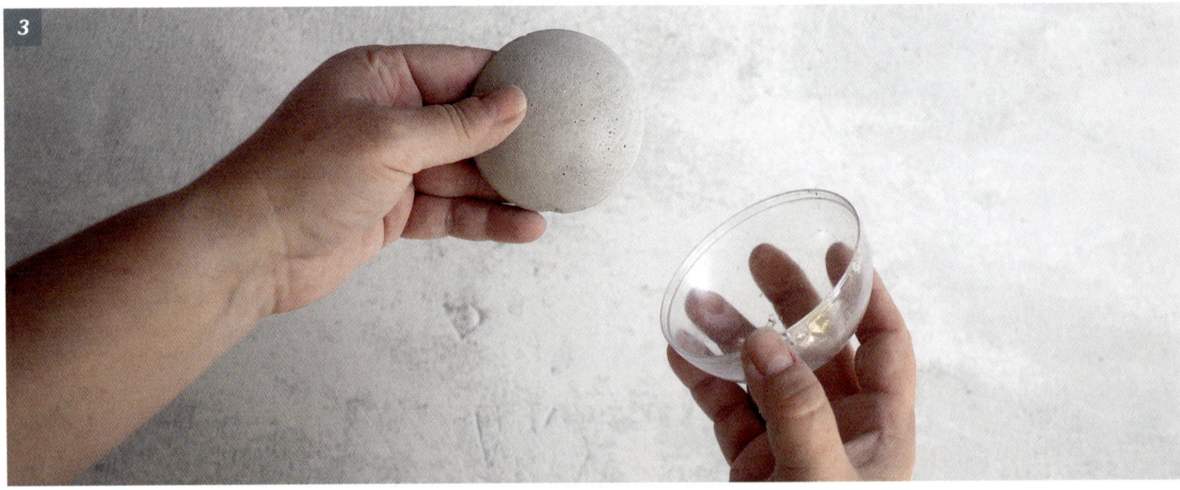

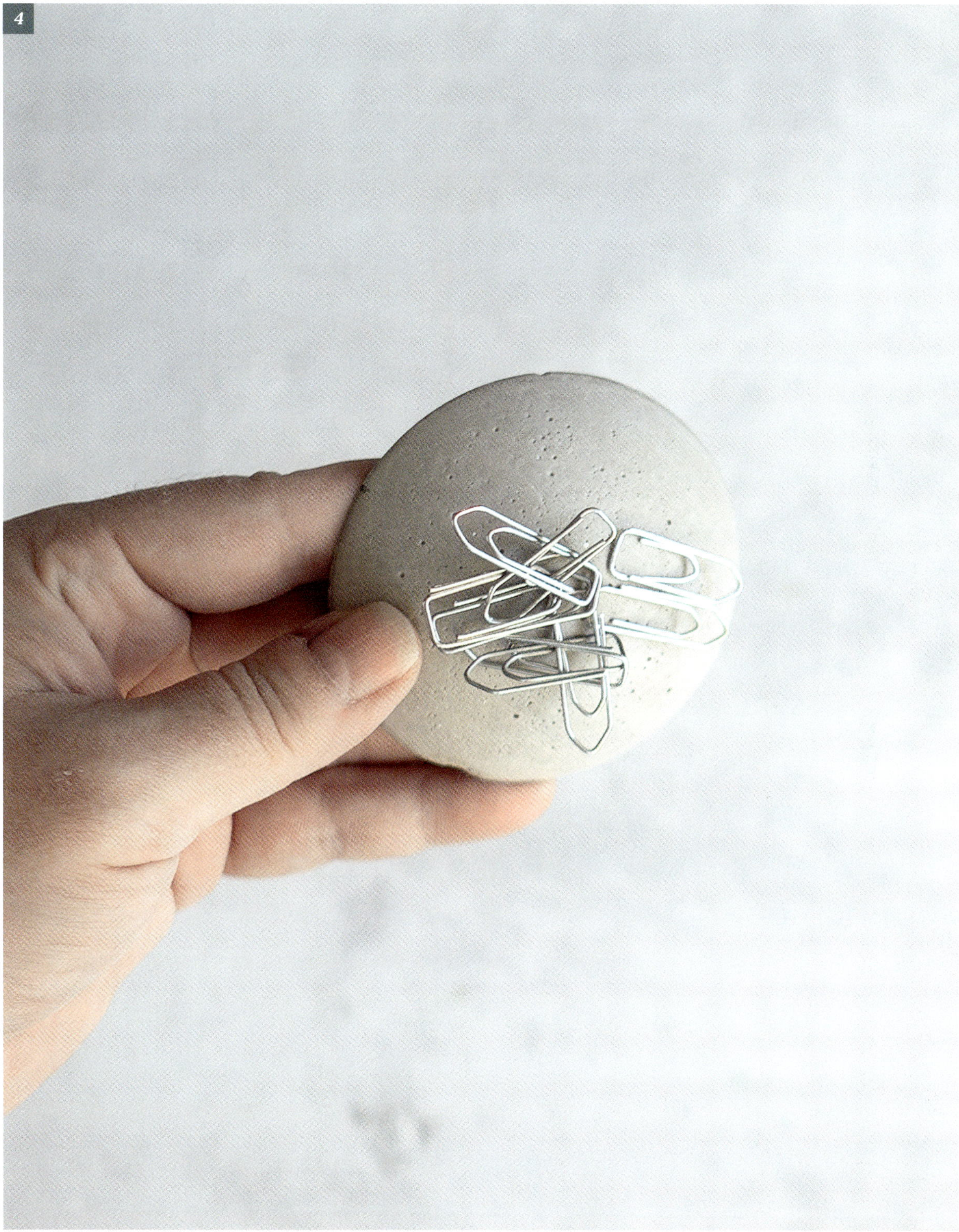
4

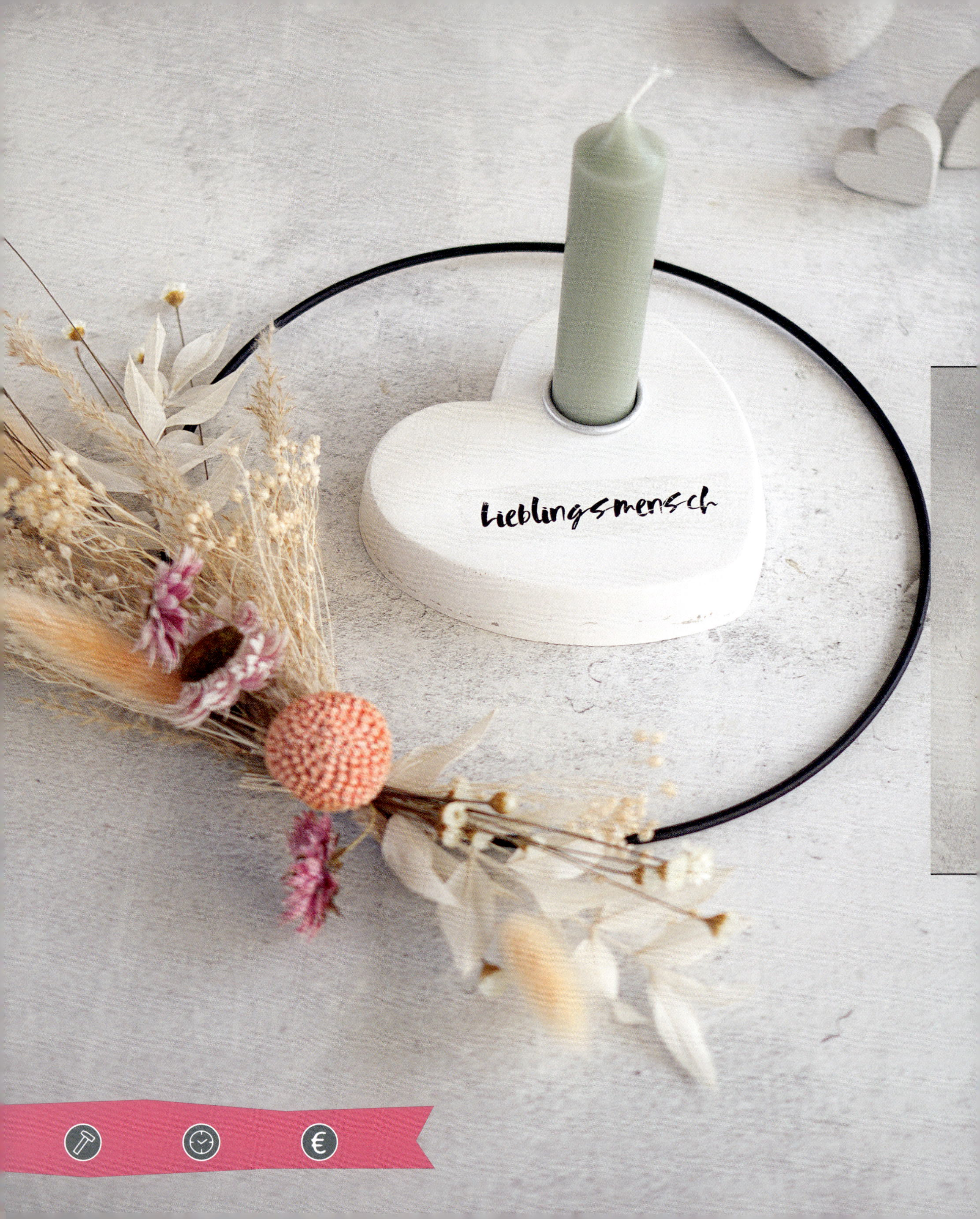
Lieblingsmensch

Kerzenständer-Herz

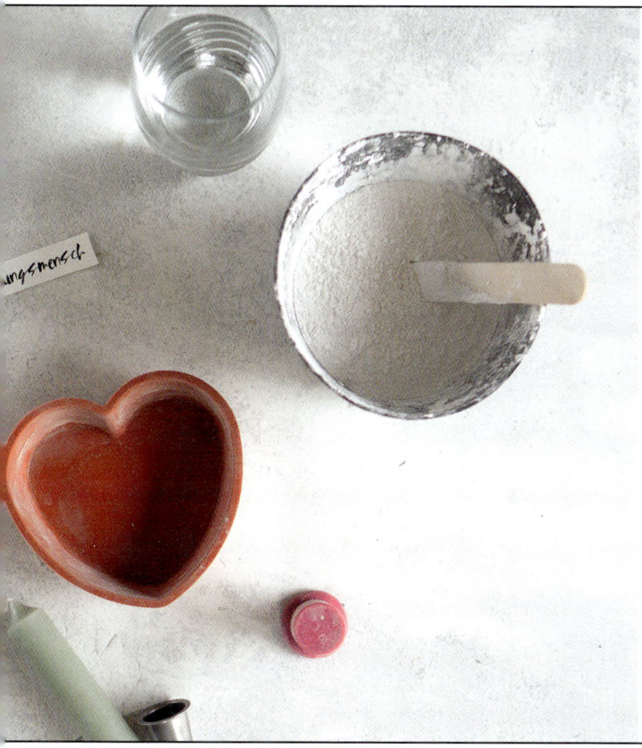

Material

- ✓ Weißes Gießpulver (z. B. von Raysin von Rayher)
- ✓ Wasser
- ✓ Wasserschiebefolie (Bastelbedarf)
- ✓ Sprühlack (weiß oder farblos) bei Bedarf
- ✓ Kerzentülle und Kerze

Werkzeug

- ✓ Silikon-Backform Herz
- ✓ Cupcake-Stöpsel
- ✓ Feinkörniges Schleifpapier bei Bedarf

Kleine Geschenke erhalten die Freundschaft. Und sind die zudem noch liebevoll selbst hergestellt und mit einer individuellen Botschaft versehen wie dieses Kerzenständer-Herz, wird daraus eine echte „Herzensangelegenheit“.

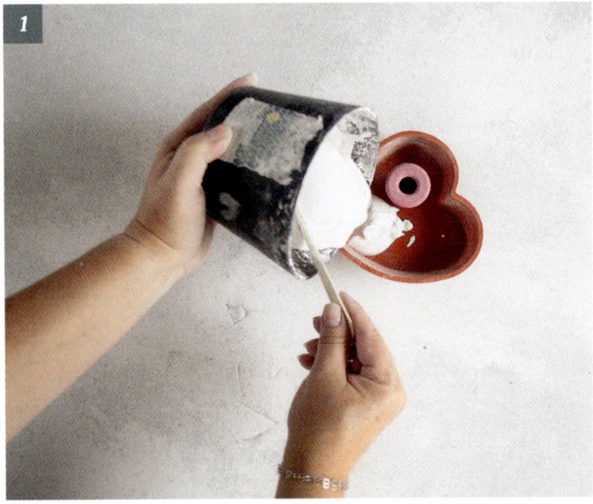

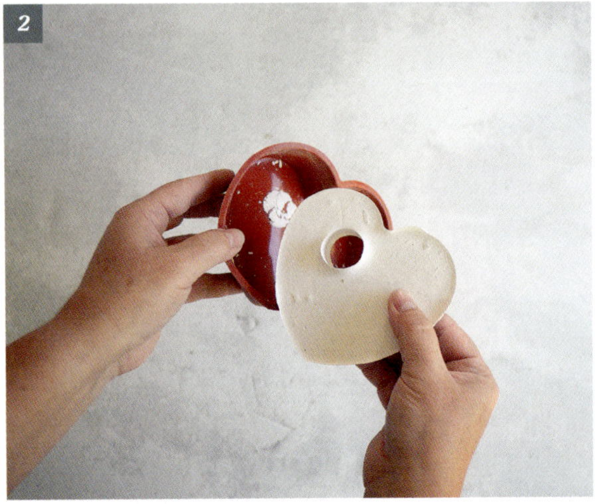

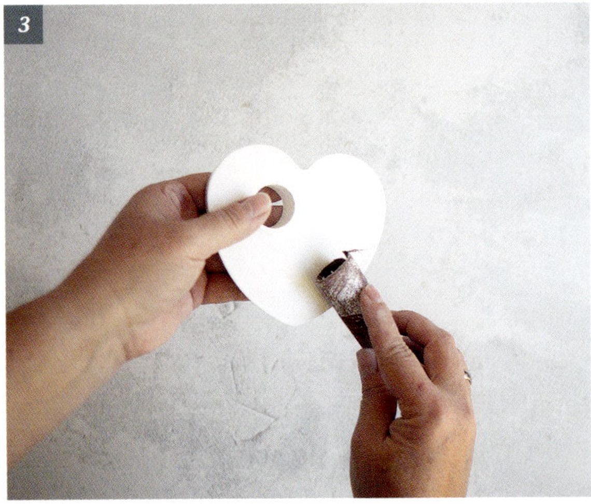

1. Stelle den Cupcake-Stöpsel an der Stelle in die Silikon-Backform, an der später deine Kerze stehen soll. Dann rührst du das Gießpulver mit Wasser im angegebenen Mischungsverhältnis an und füllst die Masse in die Form.

   Hinweis: Cupcake-Stöpsel eignen sich sehr gut, da sie weich sind und sich leicht aus der getrockneten Masse entfernen lassen. Außerdem sind sie wiederverwendbar und nützlich für jedes Projekt, bei dem du eine Kerzentülle einsetzen willst. Du kannst aber natürlich auch jede andere Form benutzen, die den Durchmesser deiner Kerzentülle hat.

   Lasse alles gut durchtrocknen.

2. Dann entfernst du den Cupcake-Stöpsel und löst das Herz aus der Silikonform.

3. Bei Bedarf schleifst du die Kanten mit Schleifpapier schön glatt. Bevor du mit der Weiterverarbeitung beginnst, muss das Herz nun komplett trocknen. Es darf sich nicht mehr feucht anfühlen und sollte Zimmertemperatur angenommen haben.

4. Damit die Wasserschiebefolie später gut haftet, kannst du dein Herz vorher noch mit etwas Sprühlack besprühen und wieder gut trocknen lassen.

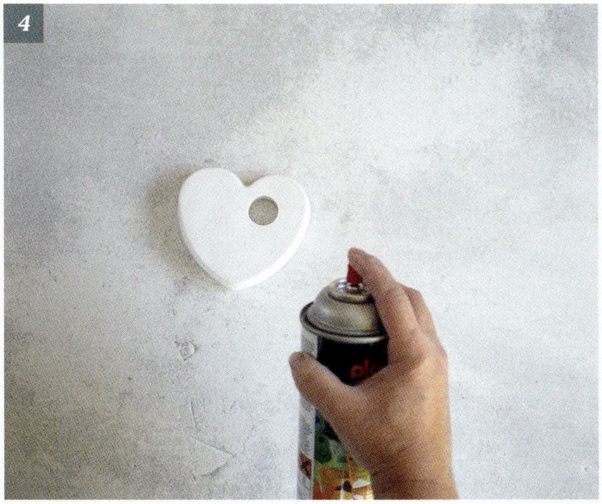

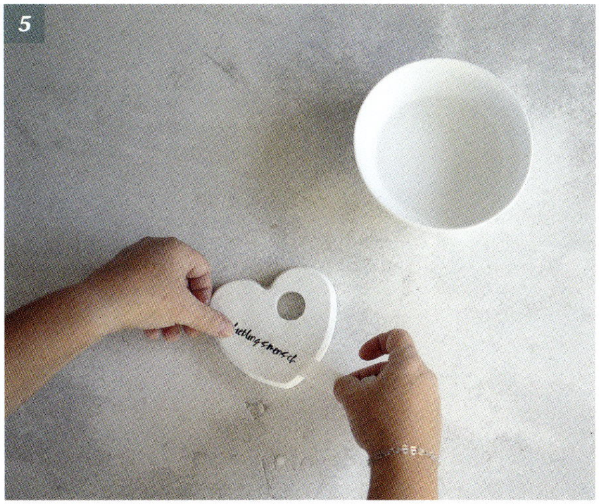

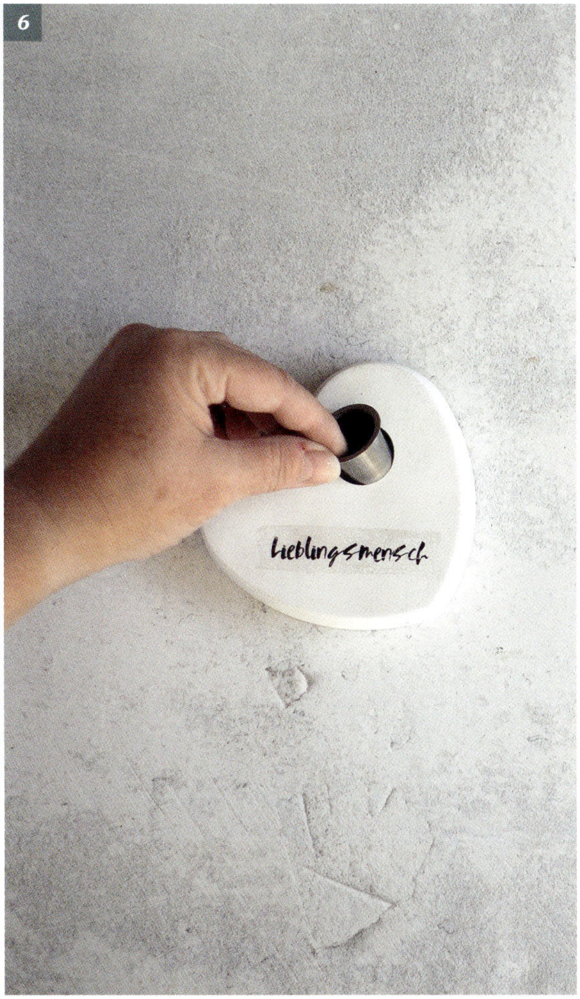

5. Dein Wunschmotiv hast du auf Wasserschiebefolie ausgedruckt. (Die Wasserschiebefolie gibt es im Bastelbedarf sowohl für Laser- als auch Tintenstrahldrucker.) Lege die Wasserschiebefolie für wenige Sekunden in ein Wasserbad, bis sich das Motiv gut vom Trägerpapier lösen lässt. Fixiere das Motiv mit den Fingern auf deinem Herz und ziehe das Trägerpapier vorsichtig und ganz langsam unter deinem Motiv weg.

6. Nach einer erneuten Trocknungszeit von ca. 24 Stunden setzt du nur noch die Kerzentülle ein und steckst die Kerze dort hinein. Fertig ist dein Freundschaftsgeschenk, das von Herzen kommt.

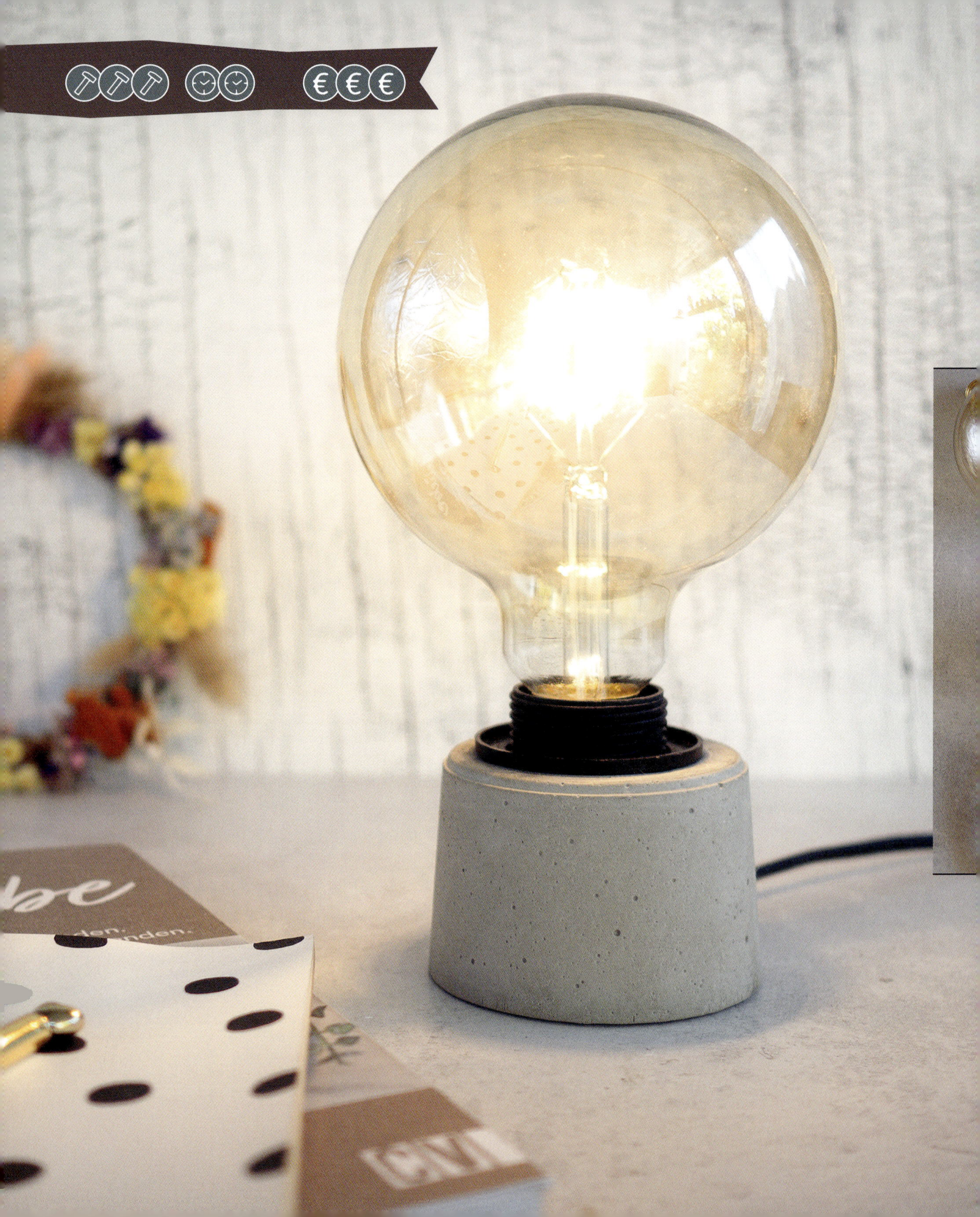

Betonlampe

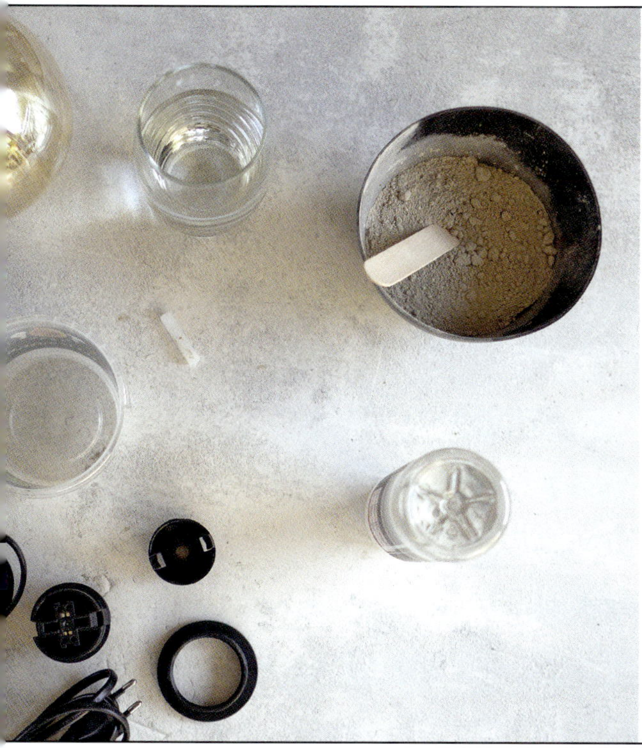

Material

- ✓ Betonpulver
- ✓ Wasser
- ✓ Plastikbecher, größer als die Plastikflasche
- ✓ Kleine Plastikflasche mit dem Durchmesser deiner Lampenfassung
- ✓ Speiseöl
- ✓ Silikonstick (Nachfüllstick für Klebepistolen)
- ✓ DIY-Lampenset
- ✓ Große LED-Vintage-Glühbirne

Werkzeug

- ✓ Pinsel
- ✓ Schleifpapier (ca. 120er-Körnung) bei Bedarf

Industrial ist derzeit ein sehr beliebter Einrichtungstrend. Dabei orientieren sich Möbel und Accessoires am industriellen Charakter – Stahlträger und Betonfassaden bleiben dabei ebenso sichtbar wie Kabel und Fassungen: schlicht und reduziert wie diese stilvolle Betonlampe.

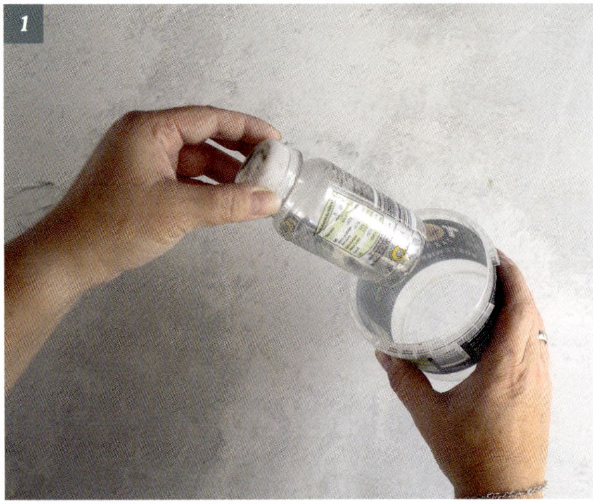

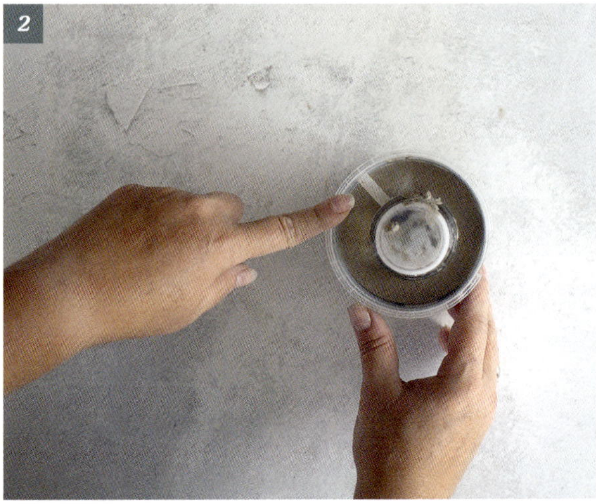

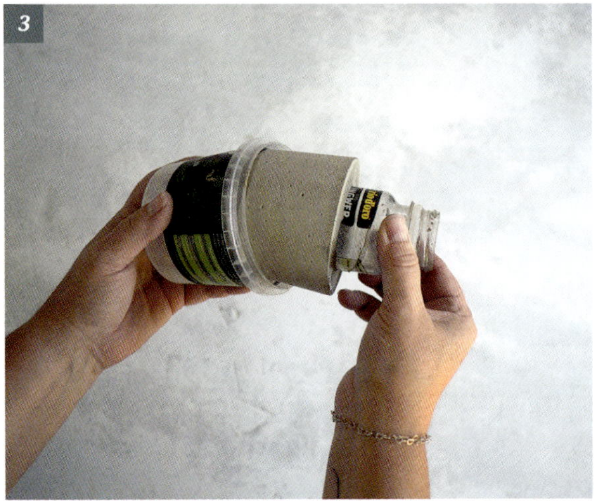

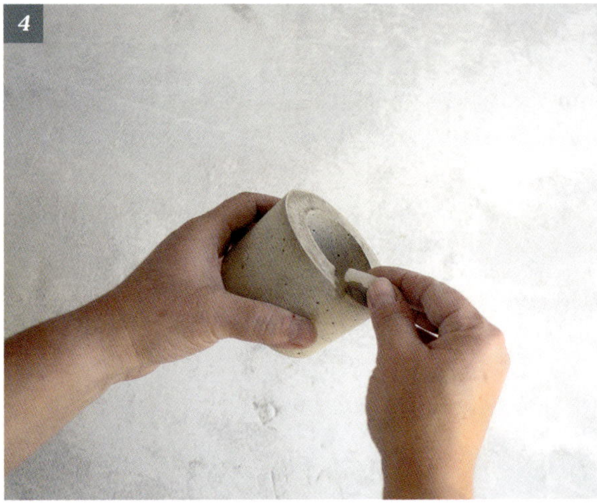

1. Streiche den Becher von innen und die kleine Plastikflasche von außen mit etwas Speiseöl ein. Stelle die kleine Flasche mittig in den Plastikbecher.

2. Mische das Betonpulver mit Wasser im angegebenen Mischungsverhältnis und fülle die Masse in den Plastikbecher. Um später für die Kabelführung eine Aussparung zu haben, drückst du den Silikonstick zwischen Becherwand und Plastikflasche in den zähflüssigen Beton. Versenke ihn ca. zu zwei Drittel – das passt für das Kabel. Nun braucht es etwas Geduld – denn alles muss gut durchtrocknen.

3. Danach entfernst du den Plastikbecher ebenso wie die Plastikflasche.

4. Bei Bedarf schleifst du die Kanten mit Schleifpapier etwas glatt.

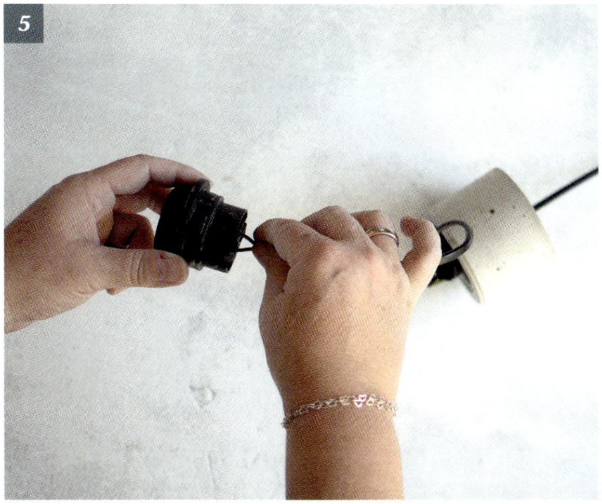

5. Nun führst du das Kabel durch das Loch im Betonsockel und installierst die Lampenfassung gemäß Installationsanleitung. Stecke die Lampenfassung danach in den Betonsockel.

6. Zuletzt musst du nur noch eine schöne Vintage-Glühbirne einschrauben, die gibt deiner Lampe im Industrie-Look den finalen Schliff. Dann kann es heißen: „Licht an!“

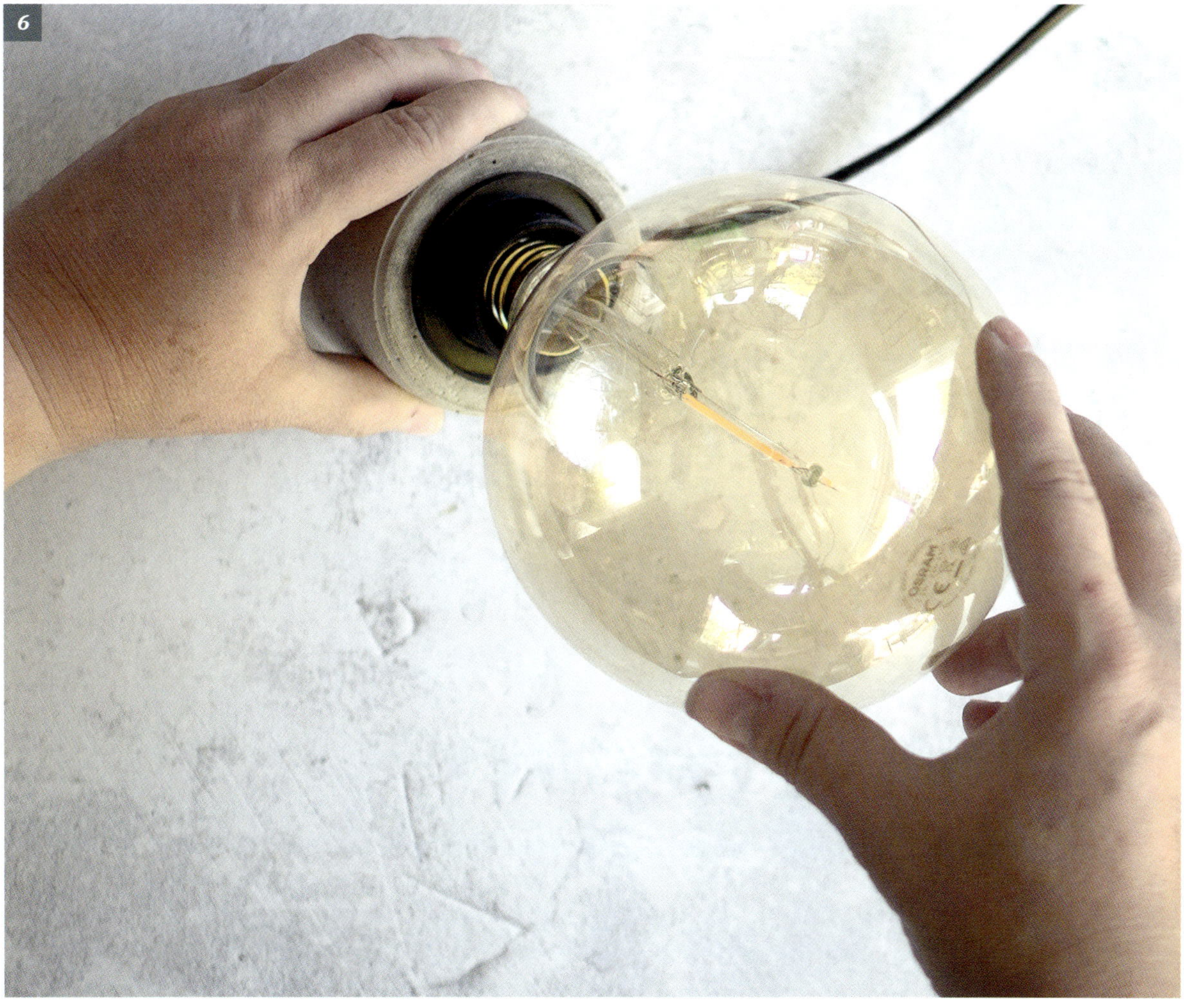

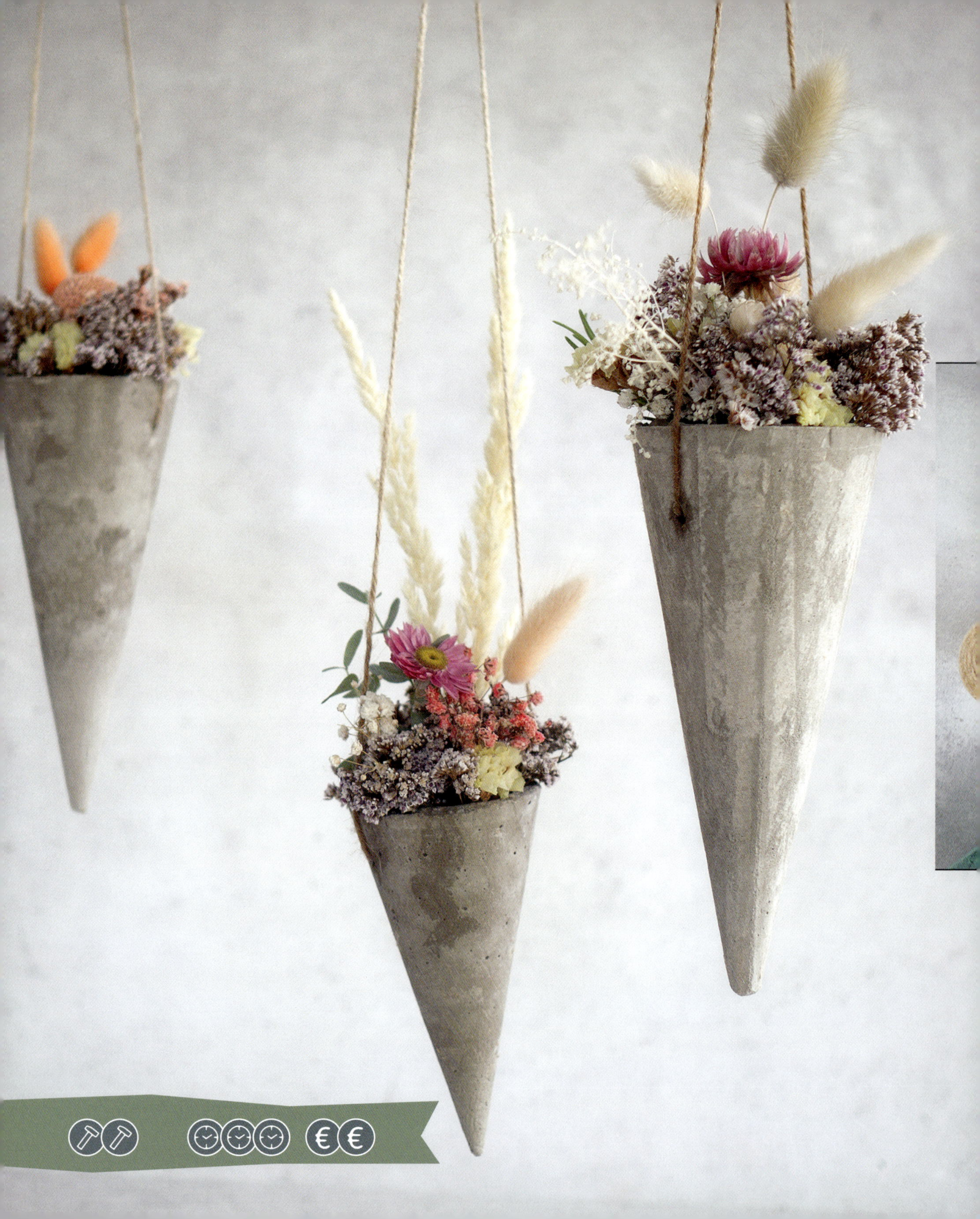

Blumenkegel

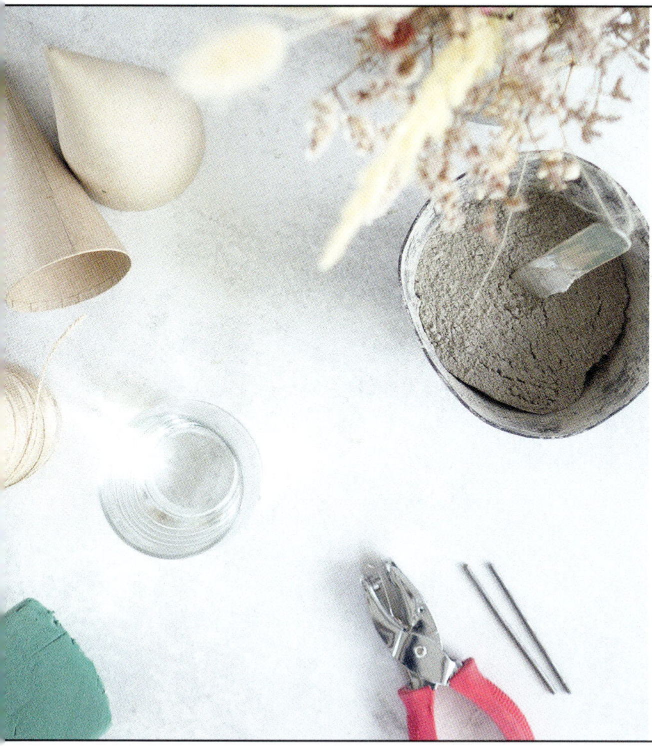

Material

✓ Betonpulver
✓ Wasser
✓ Pappkegel in 2 verschiedenen Größen
✓ Metallstäbe
✓ Juteschnur
✓ Steckmasse
✓ Trockenblumen

Werkzeug

✓ Lochzange

Welch wunderbaren Kontrast bilden die zarten Trockenblumen zu diesen Betonkegeln, die hier als Vase dienen! Das gegensätzliche Material harmoniert auf besondere Art und Weise. Dabei wirken die Betonkegel durch die Aufhängung scheinbar schwerelos.

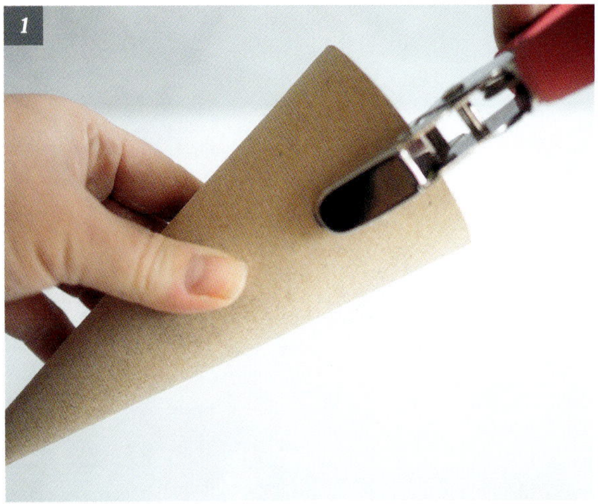

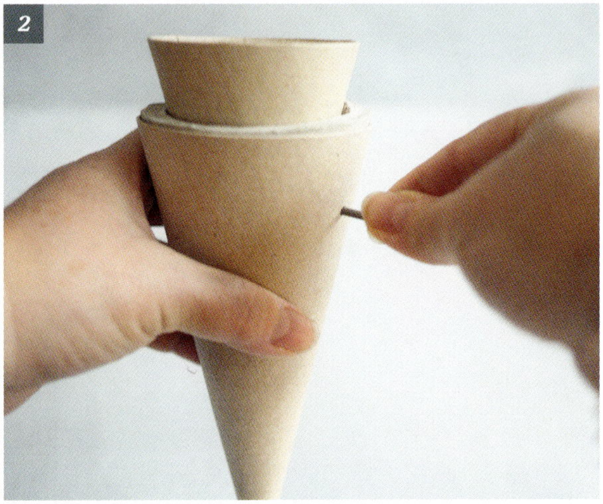

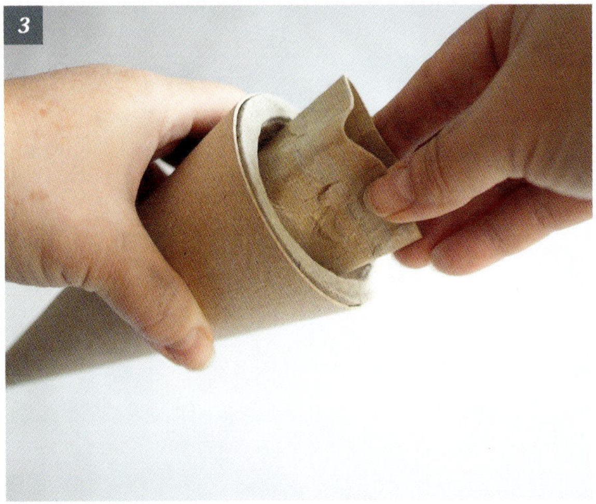

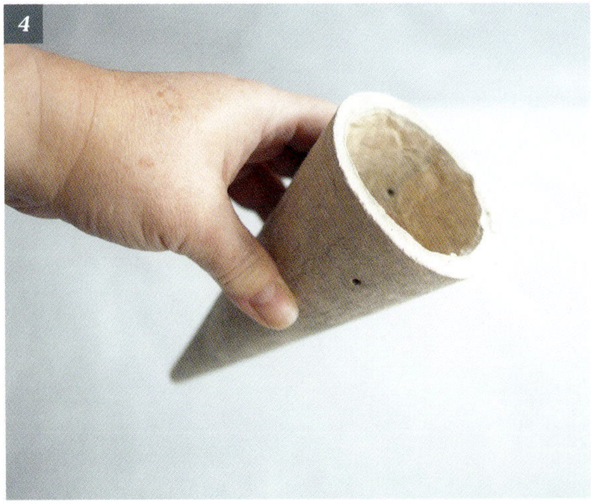

1. Loche den größeren Pappkegel – also der später der äußere wird – mit der Lochzange so, dass sich die beiden Löcher gegenüberliegen.

2. Rühre das Betonpulver mit Wasser im angegebenen Mischungsverhältnis an und fülle die Masse in den größeren Kegel. Den kleineren Kegel steckst du dann in die noch feuchte Betonmasse. Die Kegelwand sollte eine Stärke von ca. 1 cm haben. Nun steckst du die Metallstäbe von beiden Seiten in die Löcher und lässt alles gut durchtrocknen.

3. Danach entfernst du die Metallstäbe und entnimmst den inneren Pappkegel.

4. Dann entfernst du auch den äußeren Pappkegel.

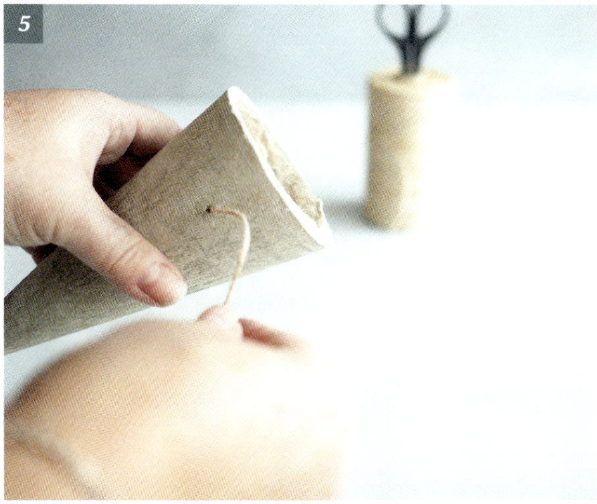

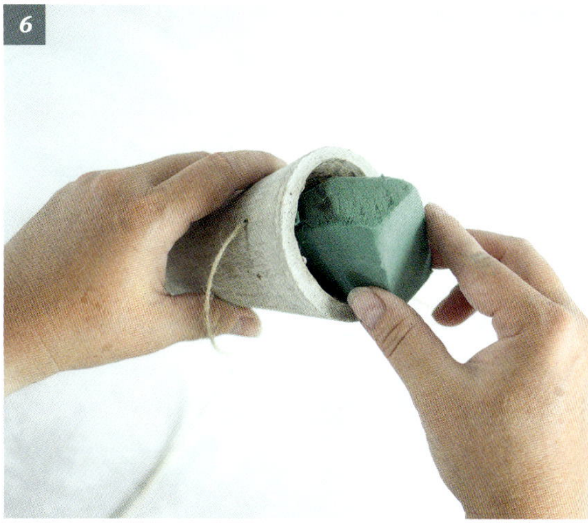

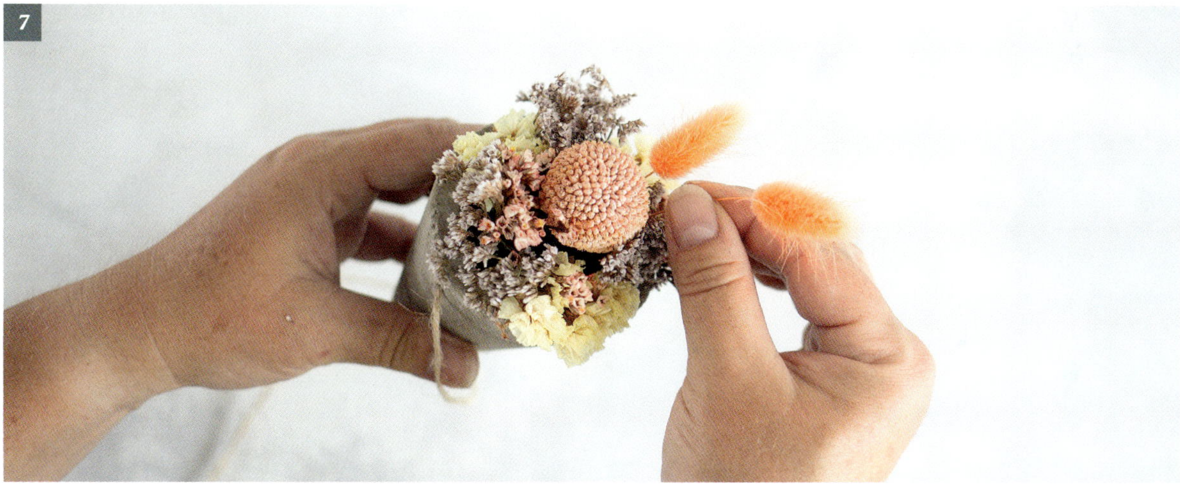

5. Durch die Löcher fädelst du nun die Juteschnur und verknotest sie innerhalb deines Betonkegels.

6. Die Steckmasse schneidest du so zurecht, dass sie in deinen Betonkegel passt.

7. Zuletzt arrangierst du die Trockenblumen in der Steckmasse – und deine schwebende Beton-Trockenblumen-Deko ist bereit für ihren Einsatz. Hänge sie ins Fenster oder in eine Zimmerecke, die noch einen Eyecatcher vertragen kann.

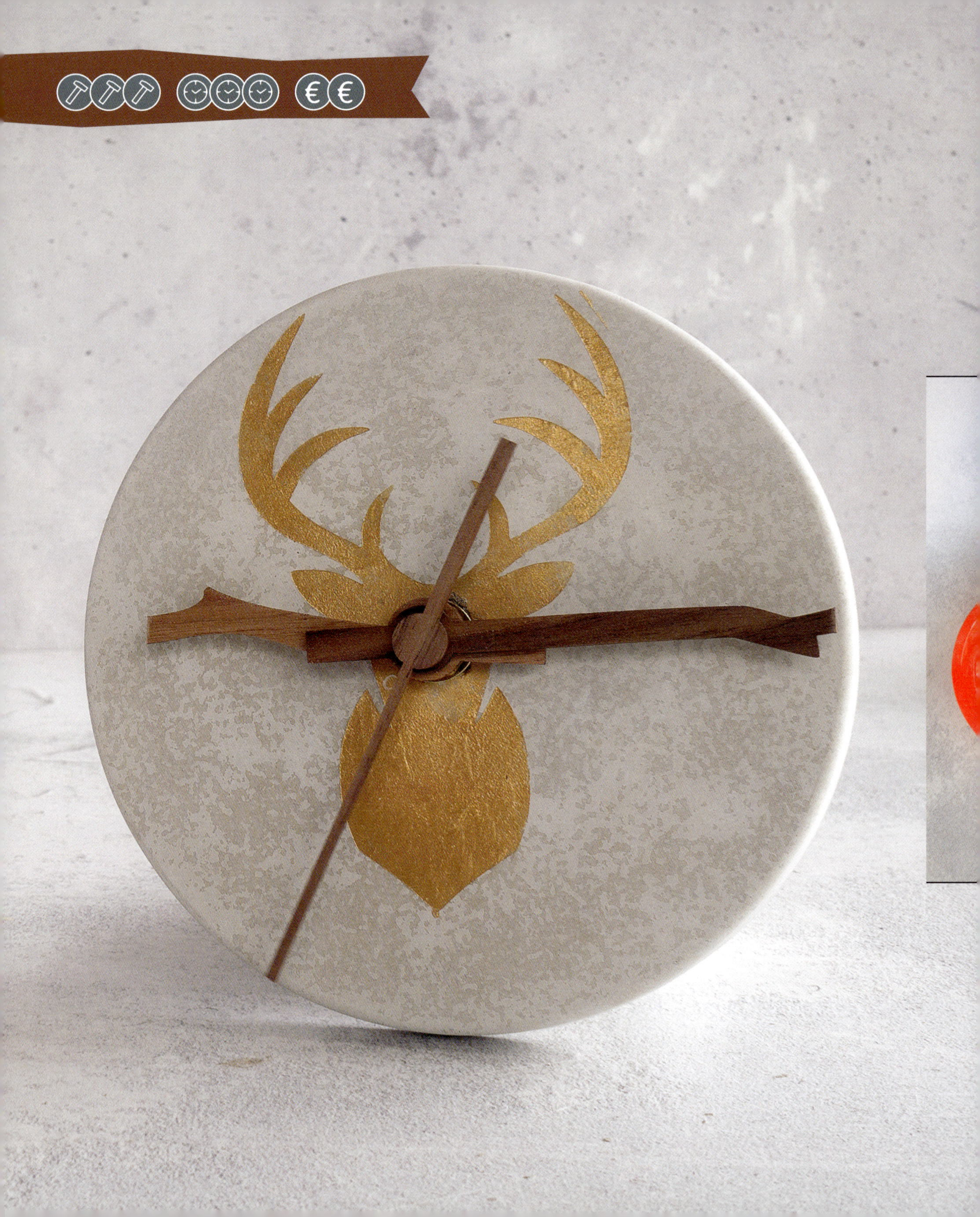

Uhr

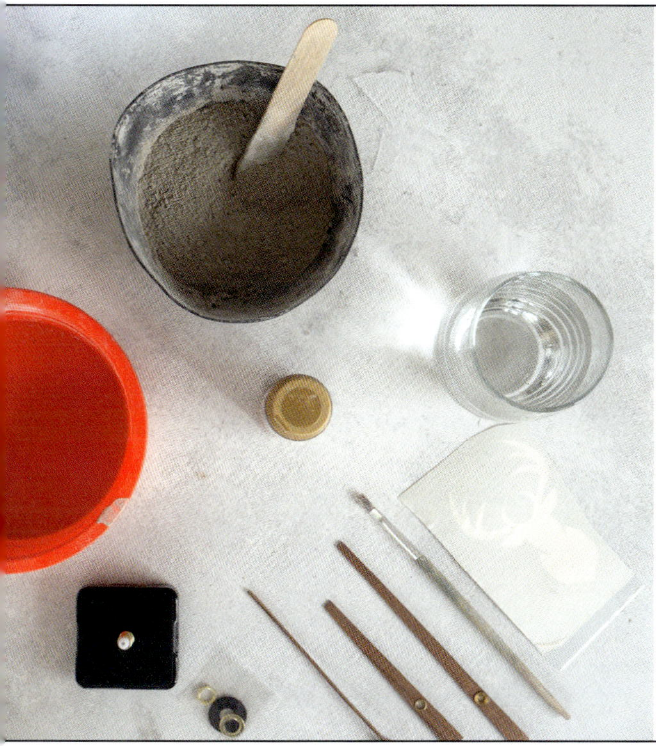

Material

- ✓ Betonpulver
- ✓ Wasser
- ✓ Silikonstick (Nachfüllstick für Klebepistolen)
- ✓ Uhrwerk mit Zeigern
- ✓ Farbe (z. B. Acrylfarbe) bei Bedarf
- ✓ Motivschablone (z. B. aus Vinylfolie) bei Bedarf

Werkzeug

- ✓ Silikon-Backform Kreis
- ✓ Pinsel bei Bedarf

Auch wenn dem Glücklichen keine Stunde schlägt, muss er eventuell doch das eine oder andere Mal auf eine Uhr schauen. Das tut man bei dem aparten Design dieser Uhr sogar gern. Ob du sie pur aus Beton oder verziert – wie hier mit einem Hirschkopf –, gestaltest, bleibt dabei ganz dir überlassen.

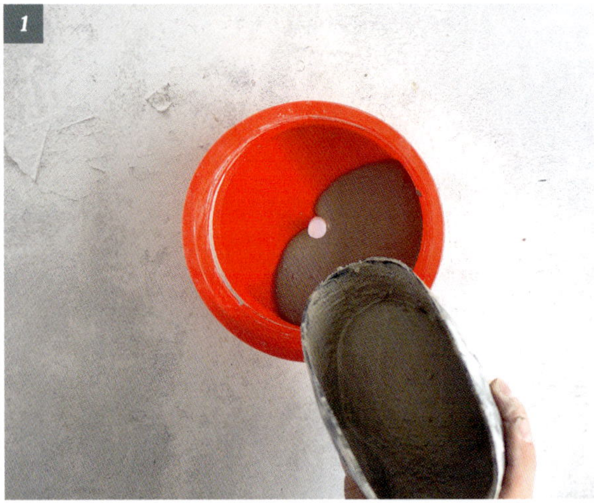

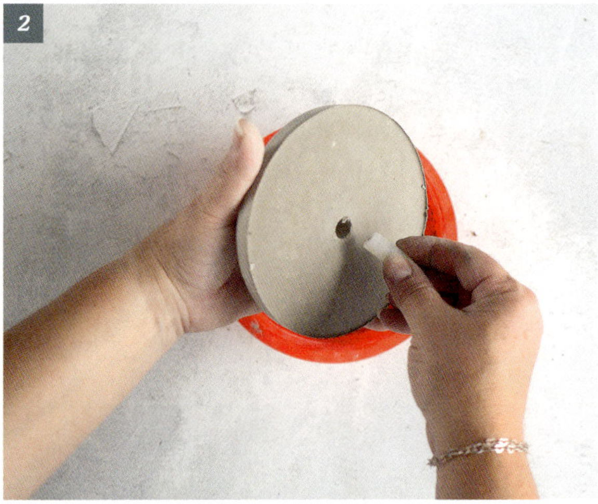

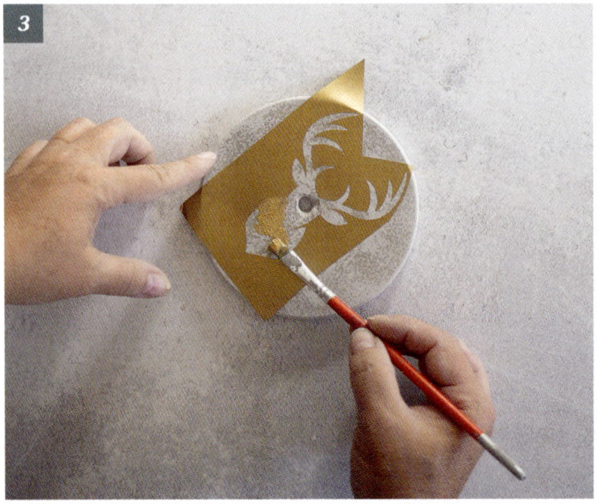

1. Platziere in der Mitte der Silikon-Backform den Silikonstick. Mische das Betonpulver mit Wasser im angegebenen Mischungsverhältnis und fülle die zähflüssige Masse in die Silikon-Backform. Lasse alles sehr gut durchtrocknen.

2. Danach entfernst du den Silikonstick und löst die Betonscheibe behutsam aus der Form.

3. Achte darauf, dass der Beton komplett durchgetrocknet ist, bevor du weiterarbeitest. Er sollte sich trocken anfühlen und eine hellgraue Farbe haben. Wenn du die Uhr statt pur in Beton lieber verziert haben möchtest, klebe die (Vinyl-)Motivschablone auf und fülle das Motiv mit Farbe aus. Ich habe mich hier für eine goldene Acrylfarbe passend zu meinen Uhrzeigern entschieden.

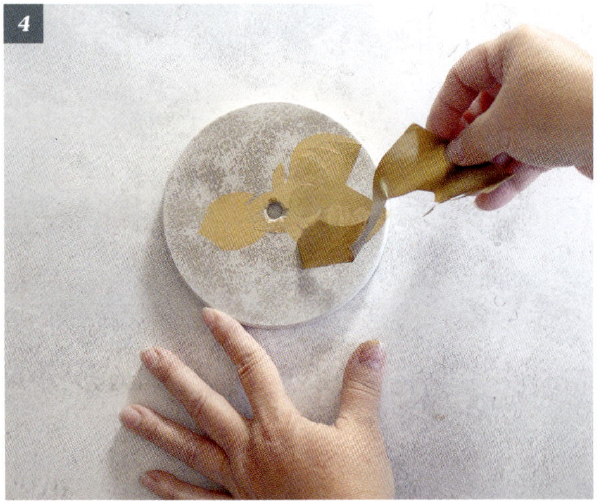

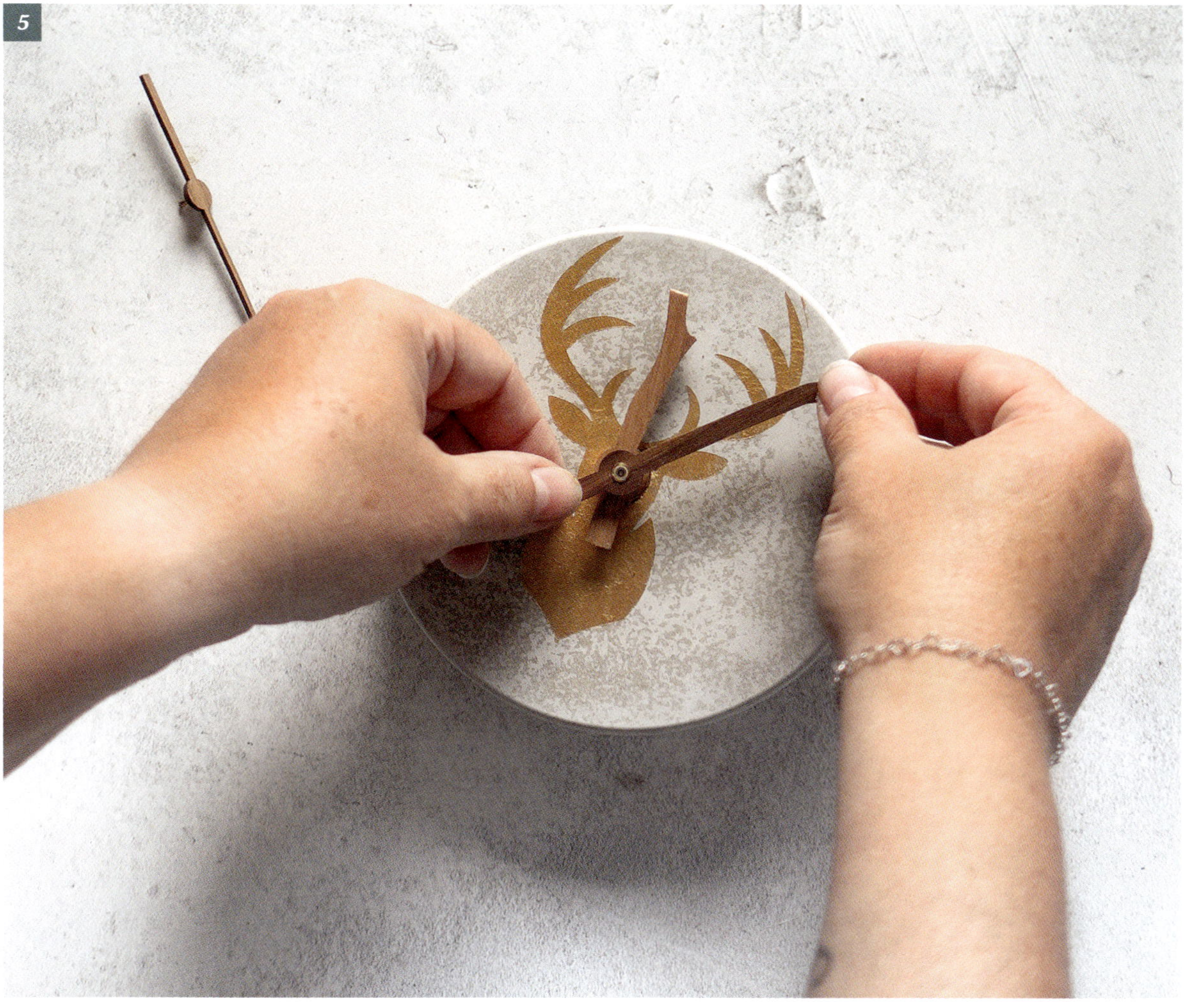

4. Wenn die Farbe trocken ist, ziehst du die Schablone von der Betonscheibe ab – das Motiv bleibt zurück.

5. Installiere zuletzt das Uhrwerk gemäß Installationsanleitung – und denke schon mal über den perfekten Platz deiner Betonuhr nach. Sie ist ein echter Eyecatcher und ein besonderes Deko-Objekt.

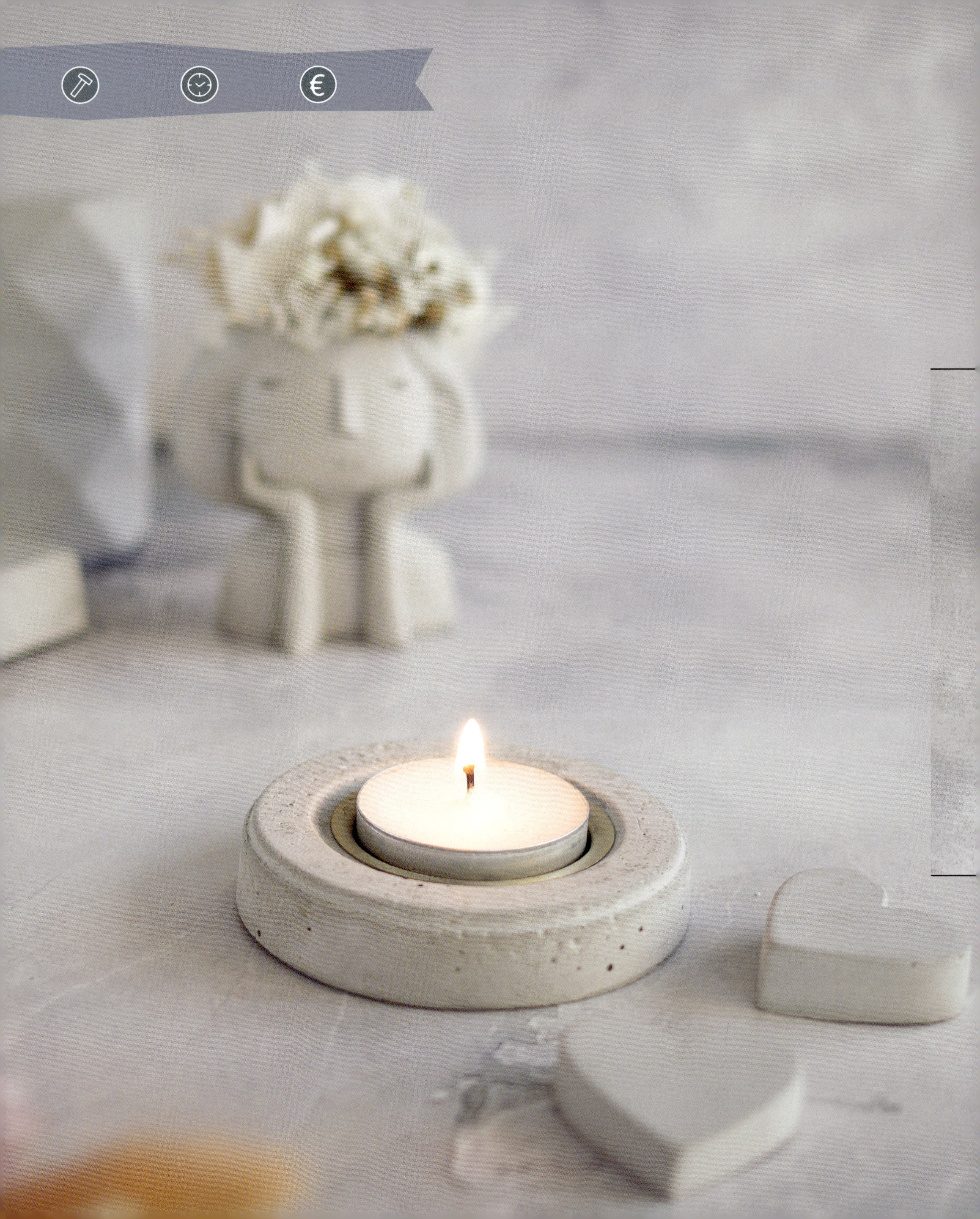

Teelichthalter

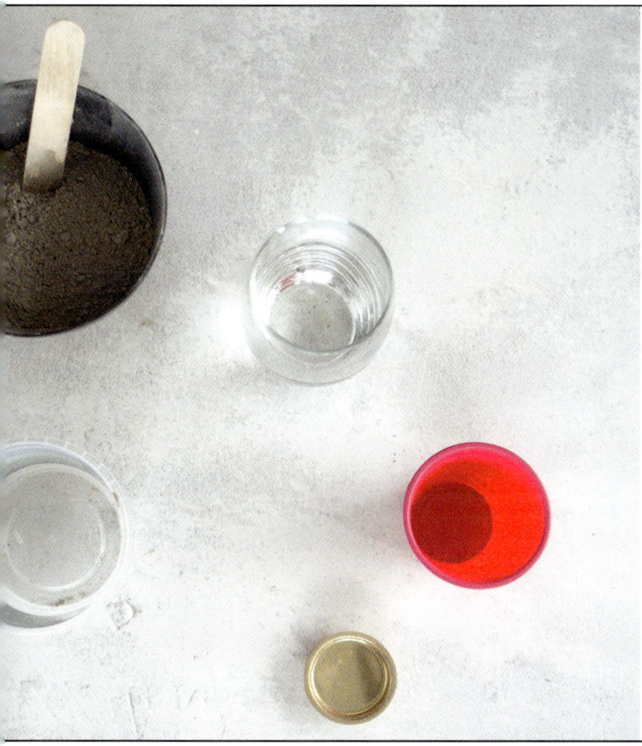

Material

- ✓ Betonpulver
- ✓ Wasser
- ✓ Plastikbecher, größer als der Einmalbecher
- ✓ Einmalbecher
- ✓ Speiseöl
- ✓ Teelicht-Tülle

Werkzeug

- ✓ Pinsel
- ✓ Sand, Steine bei Bedarf

Teelichthalter lassen sich in den verschiedensten Formen herstellen. Alles, was du brauchst, ist eine Form, die etwas größer ist als ein Einmalbecher. Der Einmalbecher hat die perfekte Größe, um später darin eine Teelicht-Tülle einzusetzen. Der Supermarkt bietet mit verschiedenen Plastikverpackungen Formen in Hülle und Fülle. Eckig, rund, mit Struktur – geh mit offenen Augen durch die Läden.

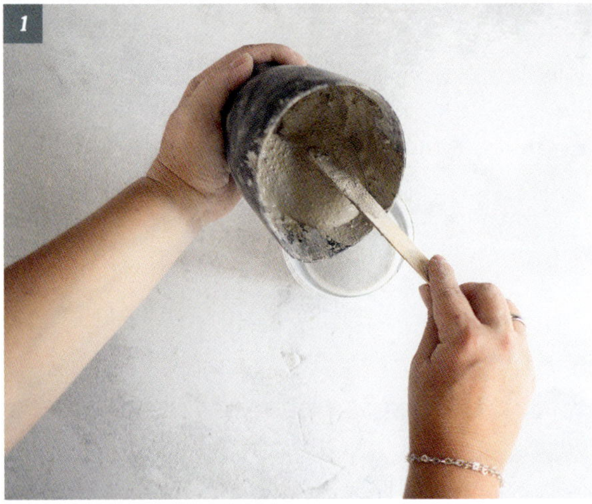

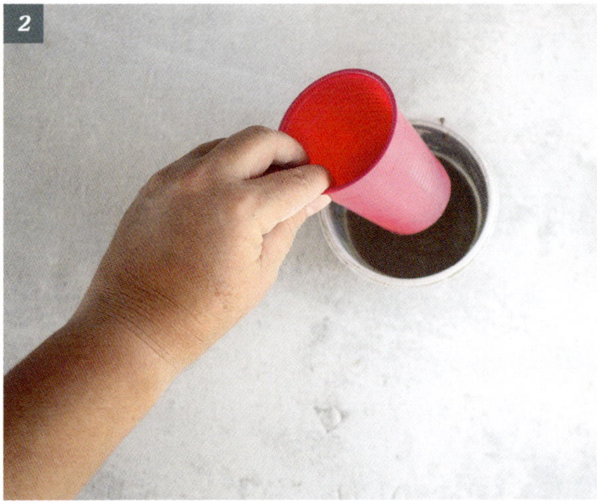

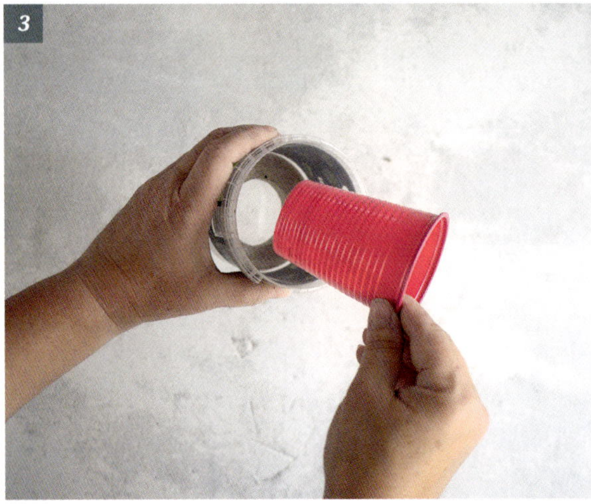

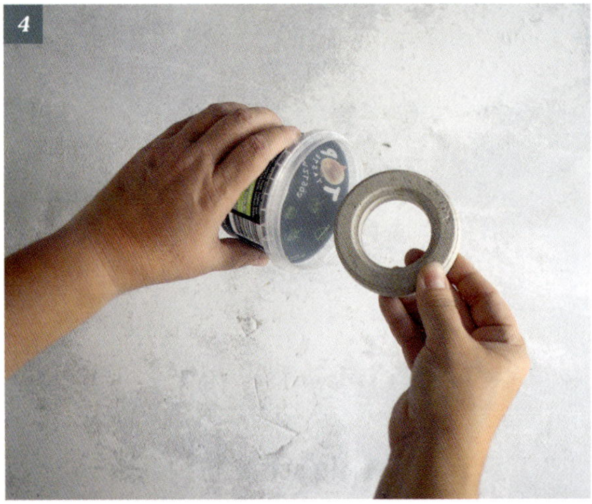

1. Damit sich die Becher später gut vom Beton lösen lassen, streichst du den Plastikbecher von innen und den Einmalbecher von außen mit etwas Speiseöl ein. Mische das Betonpulver mit Wasser im angegebenen Mischungsverhältnis und fülle die Masse in den Plastikbecher.

2. Drücke den Einmalbecher in die noch zähflüssige Betonmasse. Da man nicht unbedingt einen Boden braucht, kannst du den Einmalbecher bis auf den Grund durchdrücken oder du stellst ihn in den größeren Plastikbecher, bevor du die Betonmasse einfüllst. Beschwere den Eimalbecher bei Bedarf mit Sand, Wasser oder Steinen. Lasse alles gut durchtrocknen.

3. Danach entfernst du den Einmalbecher.

4. Löse den Betonsockel nun aus der Form.

5. Setze zuletzt die Teelicht-Tülle ein und erfreue dich an einem selbst gemachten stylishen Teelichthalter. Wirklich keine Hexerei!

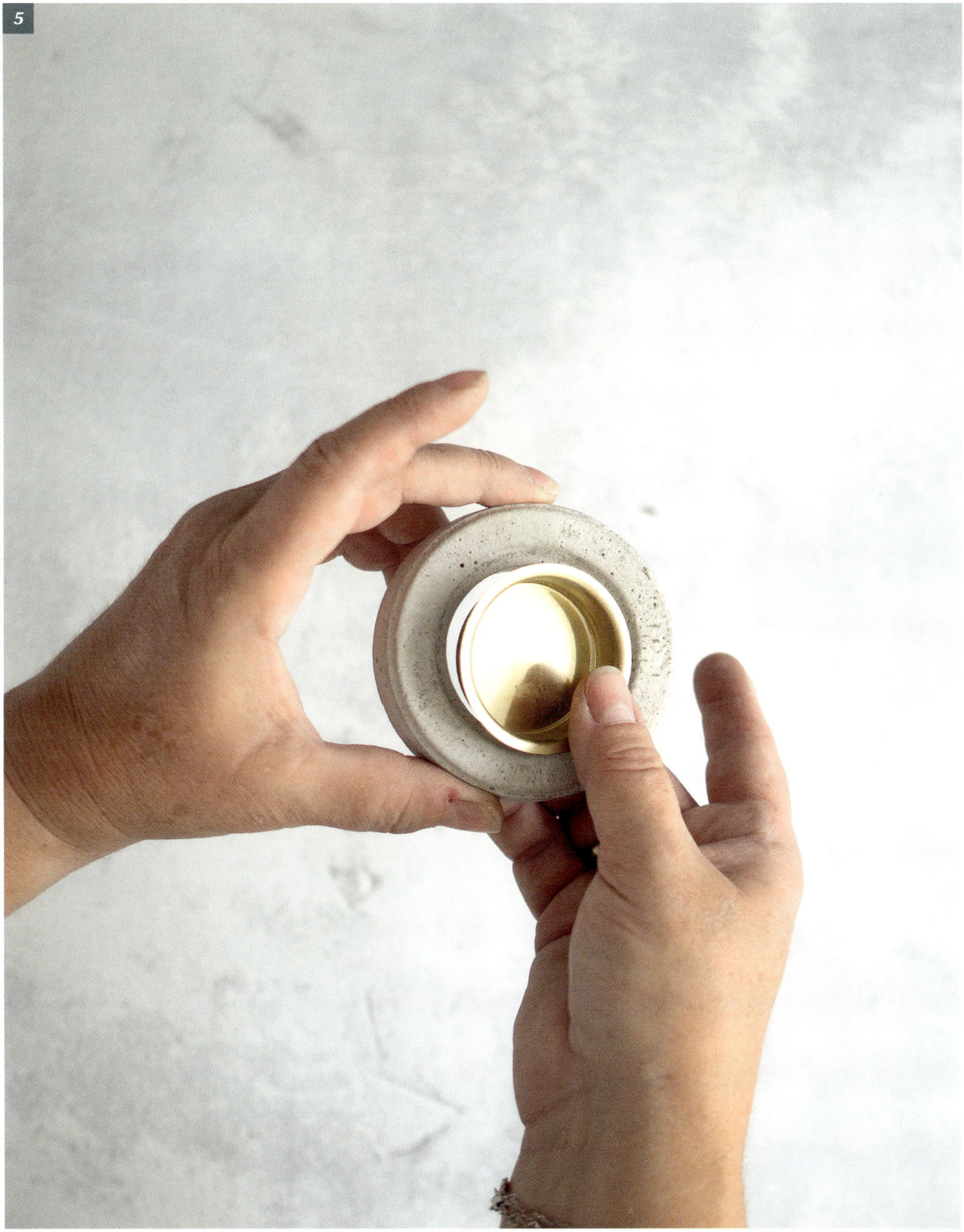
5

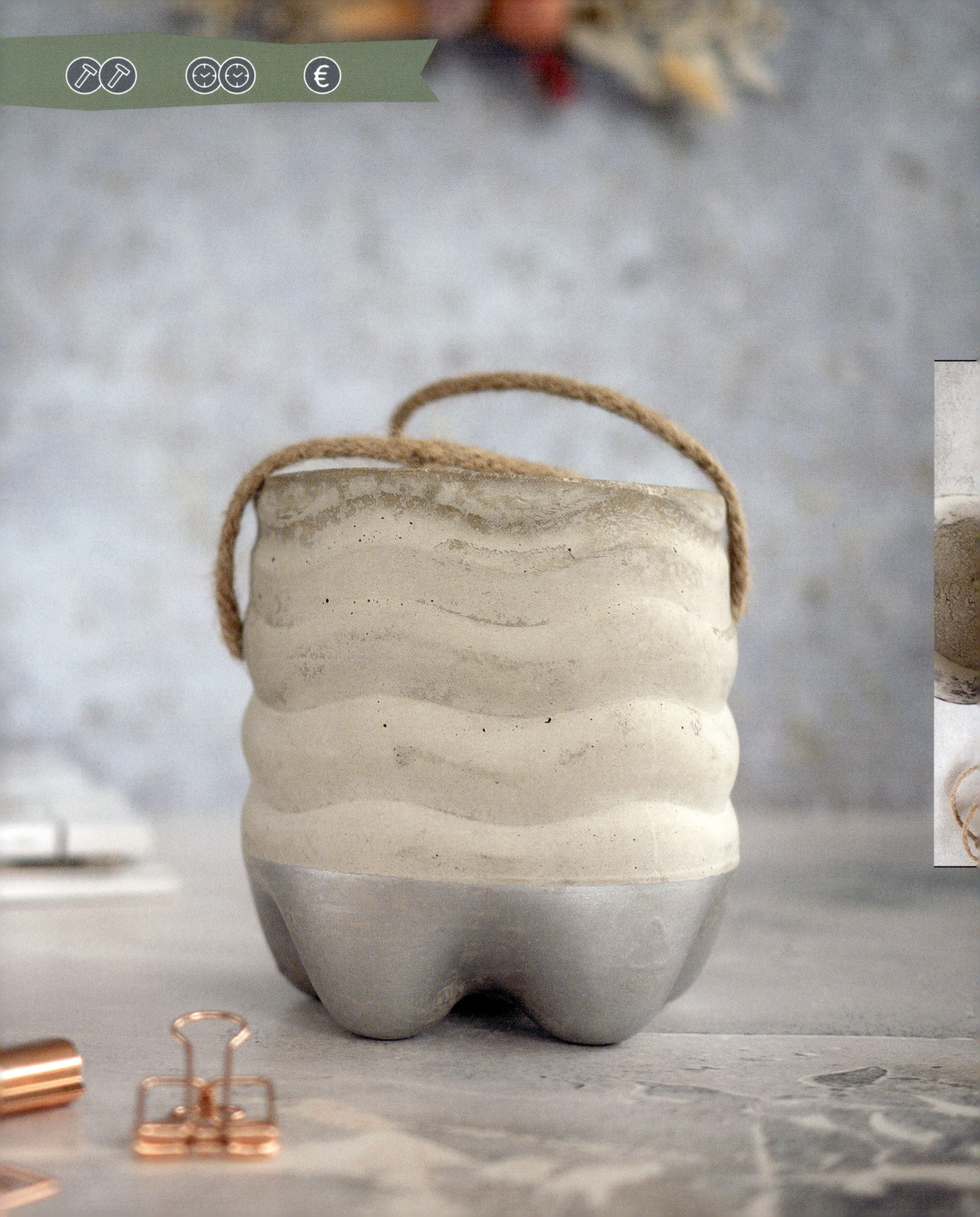

Türstopper

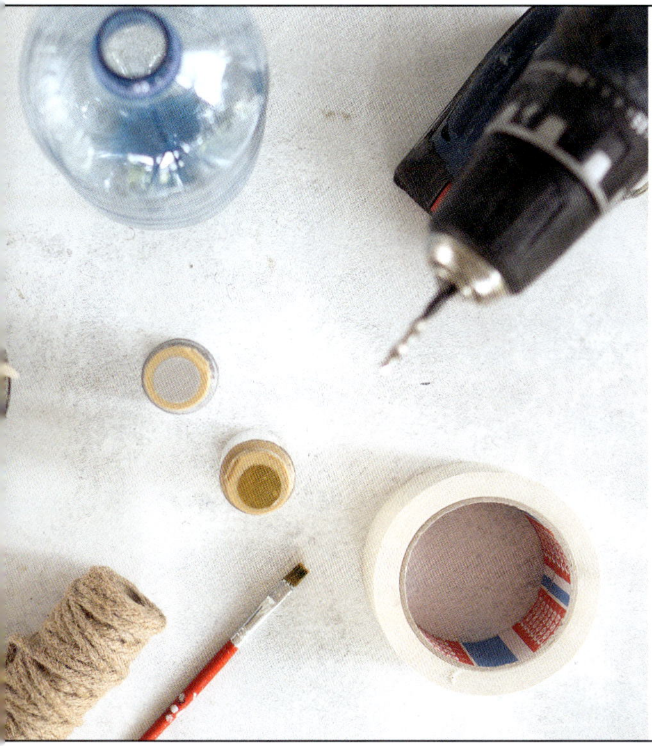

Material

- ✓ Betonpulver
- ✓ Wasser
- ✓ Plastikflasche
- ✓ Juteschnur
- ✓ Farbe

Werkzeug

- ✓ Akkuschrauber mit Bohrer
- ✓ Messer oder Teppichcutter
- ✓ Malerkrepp
- ✓ Pinsel

Ein kurzer Windstoß und schon fällt die Tür ins Schloss und im schlechtesten Fall hat man sich ausgeschlossen. Das verhindert stilecht dieser Beton-Türstopper, der sich kraftvoll deiner Tür in den Weg stellt und dir den Weg zurück offen hält.

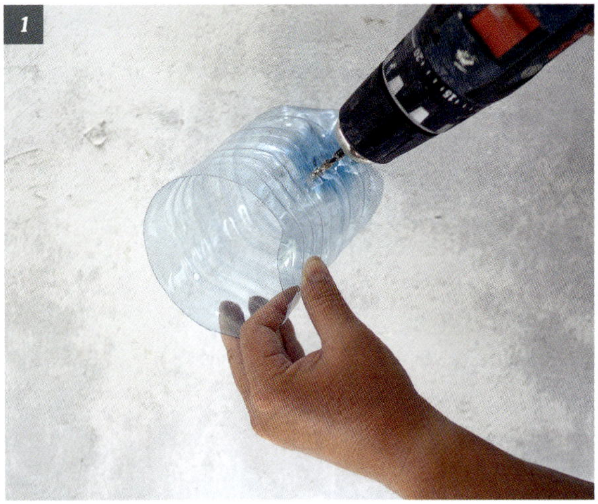

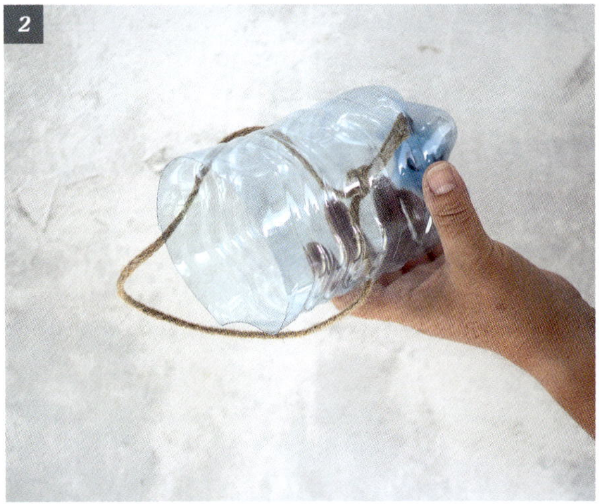

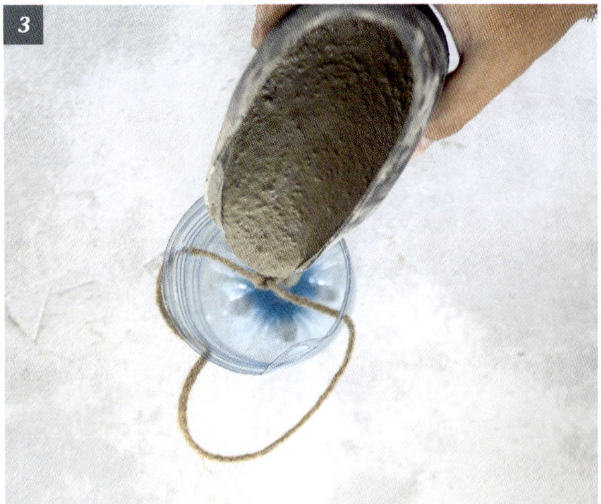

1. Schneide von der Flasche den oberen Teil ab. Im unteren Teil bohrst du mit dem Akkubohrer zwei sich gegenüberliegende Löcher in die Flasche.

2. Durch diese Löcher fädelst du die Juteschnur hindurch und verknotest sie so, dass der Knoten im Inneren der Flasche verschwindet.

3. Mische das Betonpulver mit Wasser im angegebenen Mischungsverhältnis und fülle die zähflüssige Masse in die Flasche. Lasse alles gut durchtrocknen.

4. Danach entfernst du die Plastikflasche vom Beton. Schneide sie dafür am besten am Rand vorsichtig mit einem Messer oder Teppichcutter ein und ziehe sie vorsichtig ab.

5. Mit Malerkrepp klebst du einen Sockel ab, den du in deiner Lieblingsfarbe bemalst.

6. Entferne zuletzt das Malerkrepp und erfreue dich an deiner wunderbaren Beton-Deko.

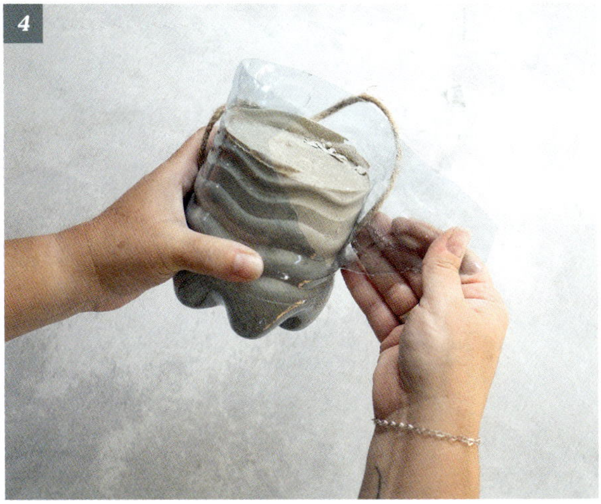
4

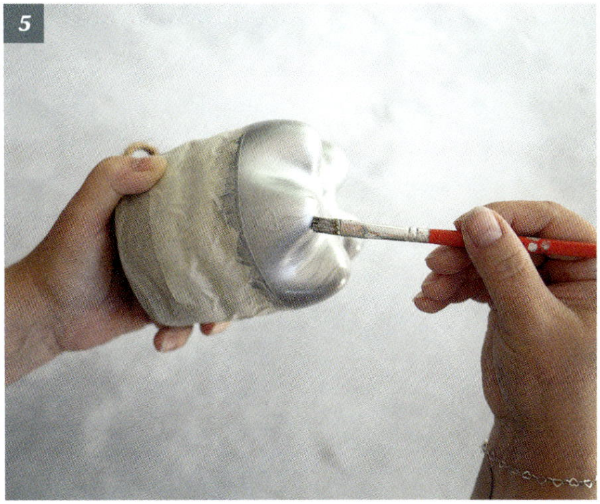
5

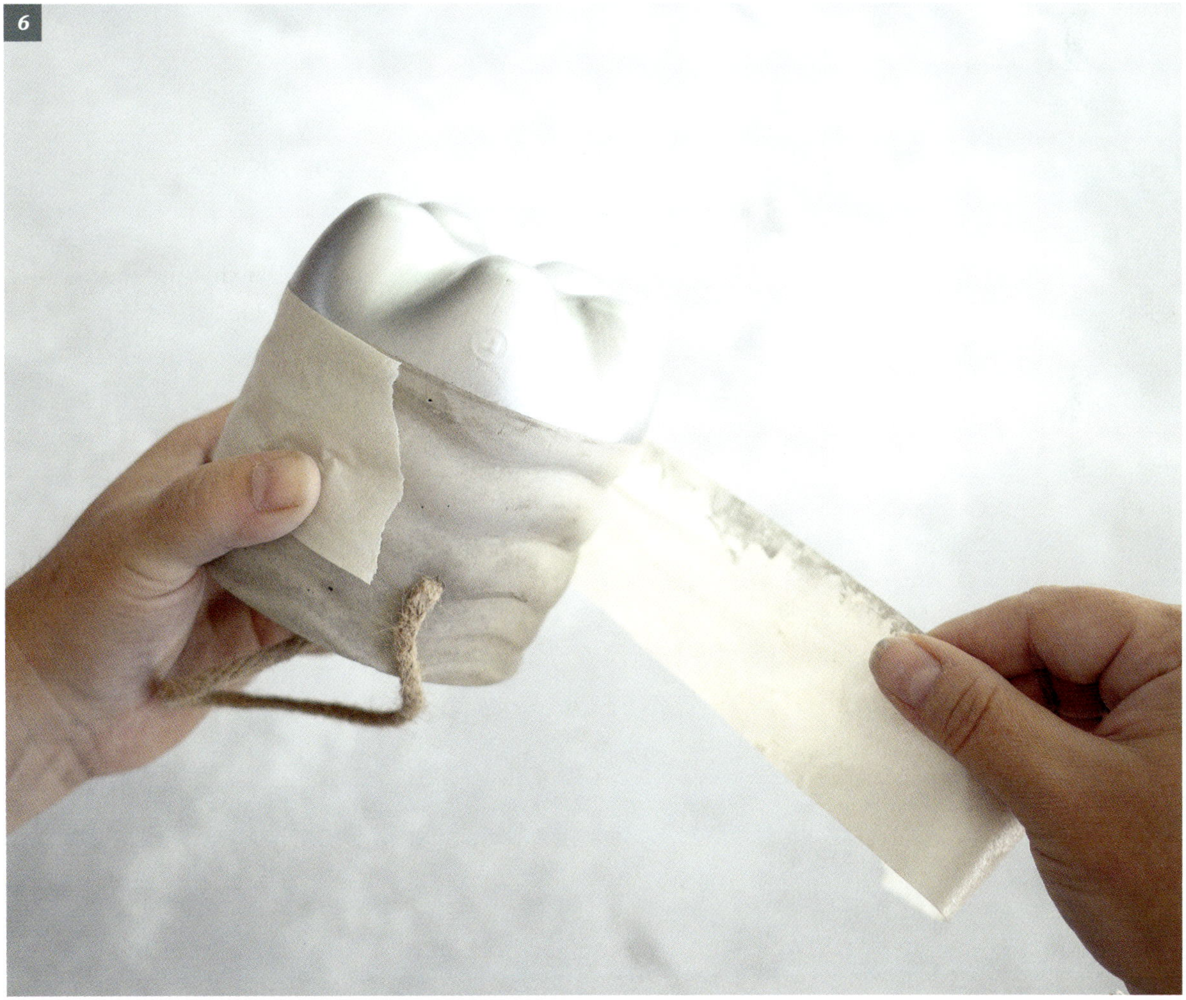
6

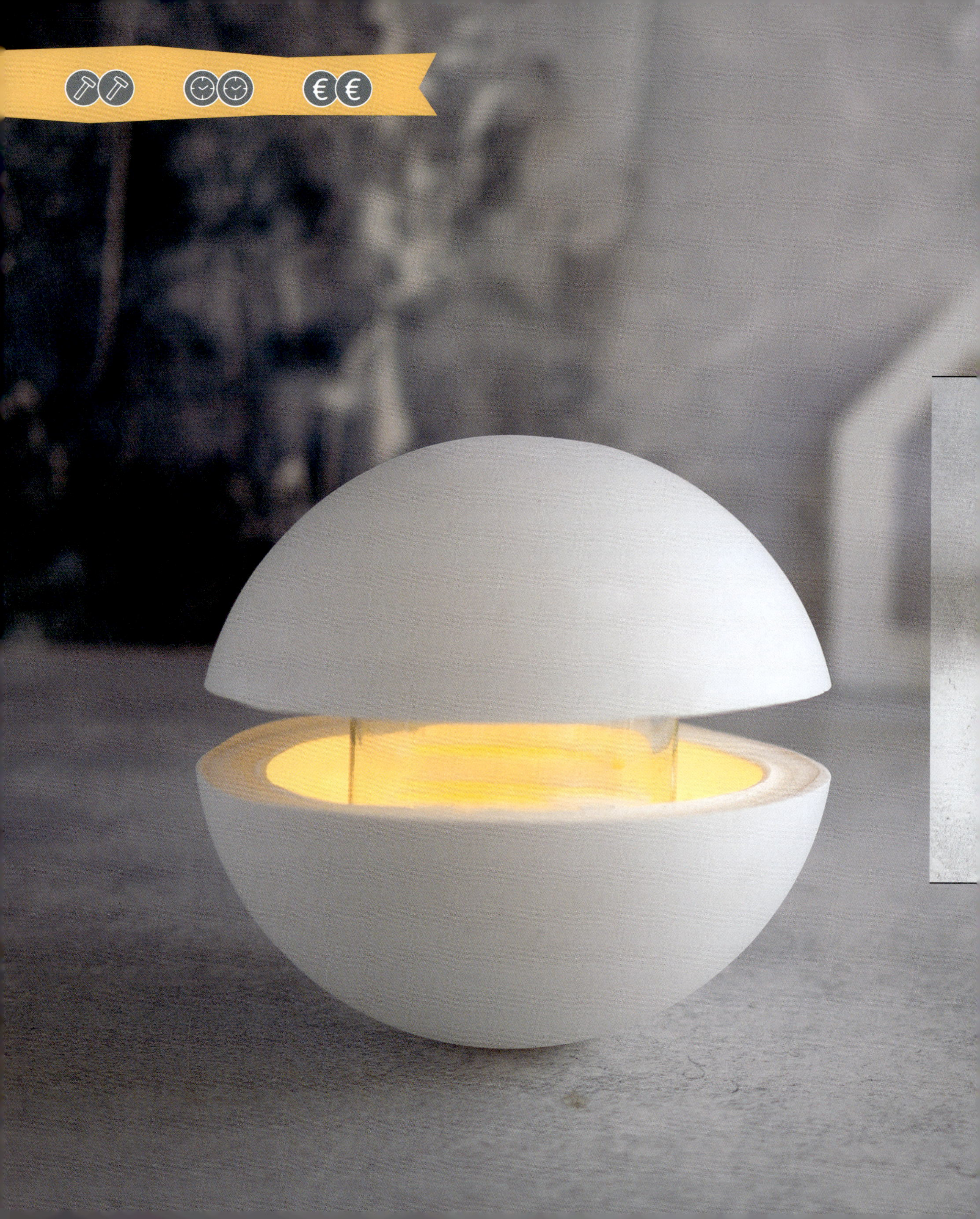

LUFO

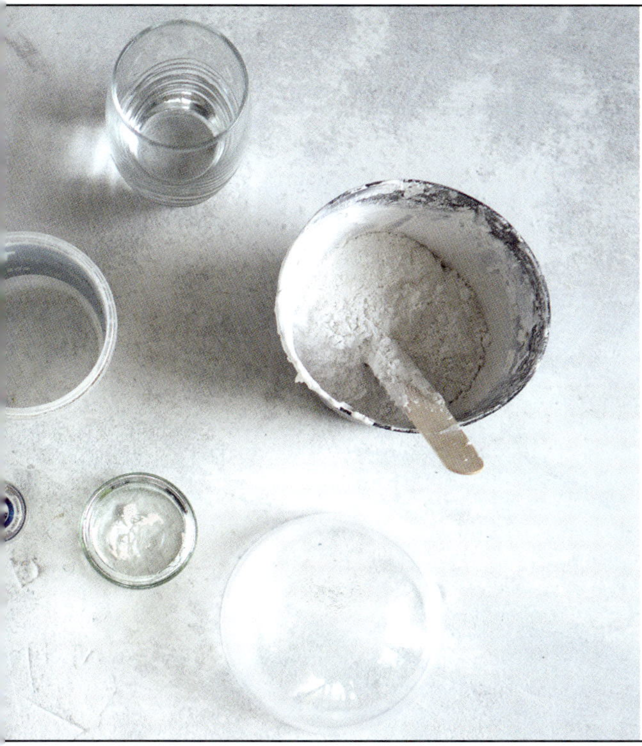

Material

- ✓ Gießpulver (z. B. Raysin von Rayher)
- ✓ Wasser
- ✓ Plastikbecher
- ✓ LED-Teelicht (wahlweise mit Fernbedienung)
- ✓ Kleines Gläschen

Werkzeug

- ✓ Acryl-Halbkugel
- ✓ Sand oder Steine bei Bedarf

Der Name LUFO leitet sich ab aus L für Licht und UFO für ein unbekanntes Flugobjekt. Und irgendwie sieht die Leuchte auch aus wie aus einer anderen, fremden Welt. Einmal gelandet erfreut sie dich mit einem geheimnisvollen Lichteffekt, der – ganz nach Wunsch – auch blau, rot oder grün sein kann.

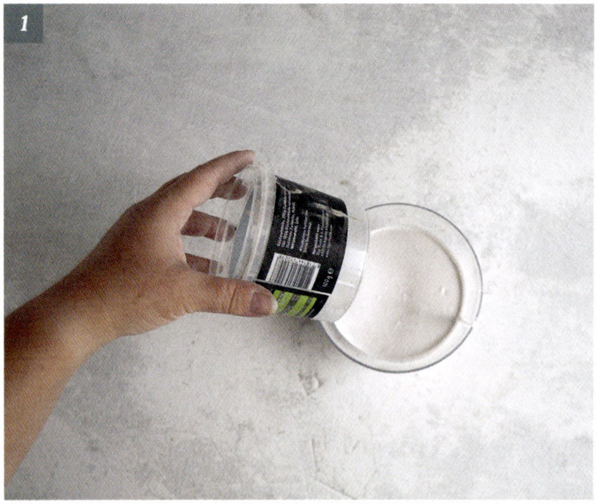

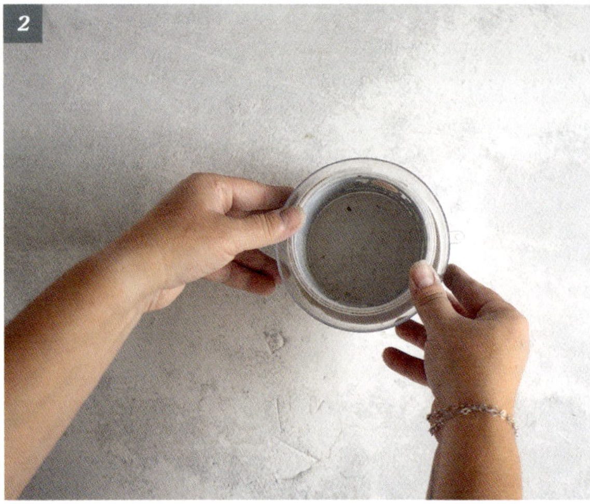

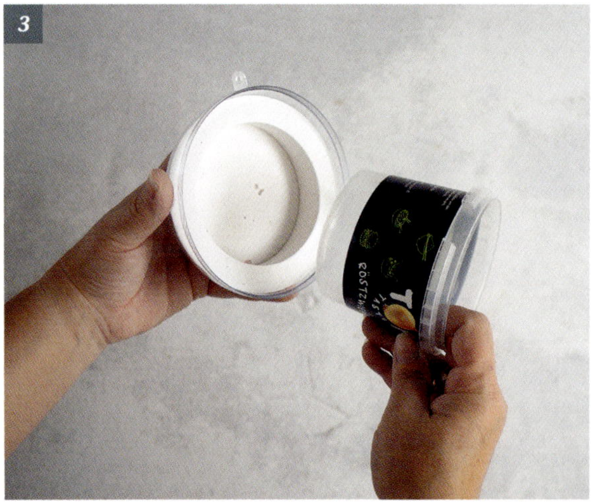

1. Rühre das Gießpulver mit Wasser im angegebenen Mischungsverhältnis an und fülle die Masse in die Acryl-Halbkugel.

2. Den Becher drückst du von oben in die noch zähflüssige Masse. Beschwere den Becher bei Bedarf mit Sand oder Steinen. Lasse alles gut durchtrocknen.

3. Danach entfernst du den Becher.

4. Löse die Acryl-Halbkugel von der gegossenen Halbschale ab und fertige eine zweite Halbkugel nach dem gleichen Prinzip an.

5. Nun stellst du das LED-Teelicht in ein kleines Gläschen.

6. Platziere das Glas in einer Halbkugel und bedecke es mit der zweiten. Schon ist es gelandet, dein LUFO – wie aus einer anderen Welt!

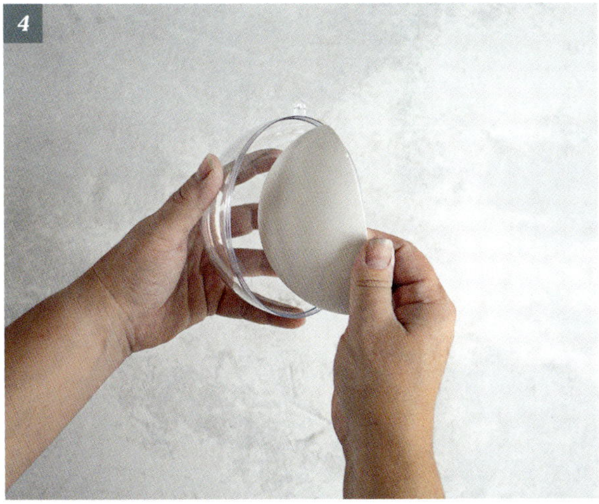
4

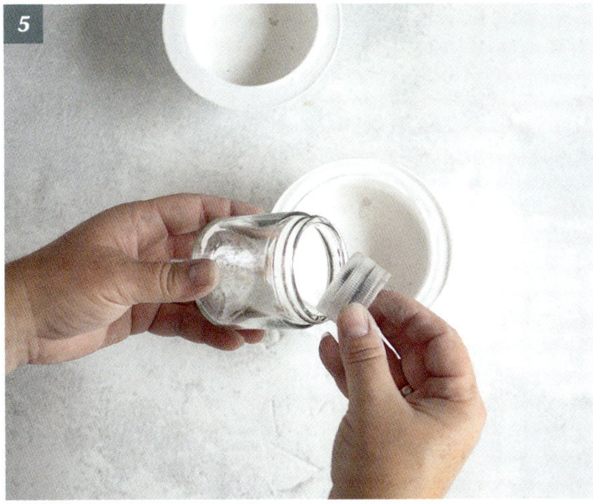
5

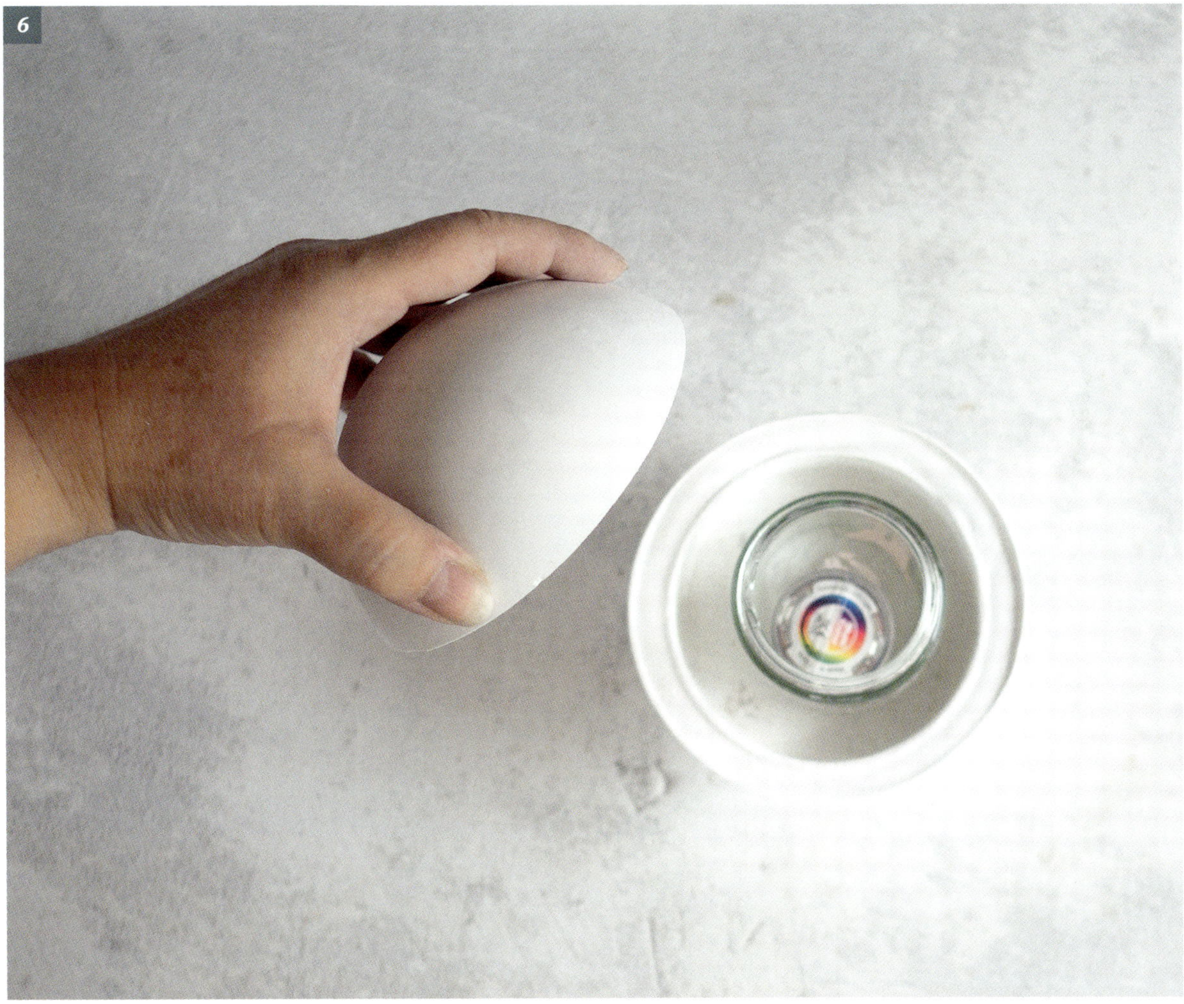
6

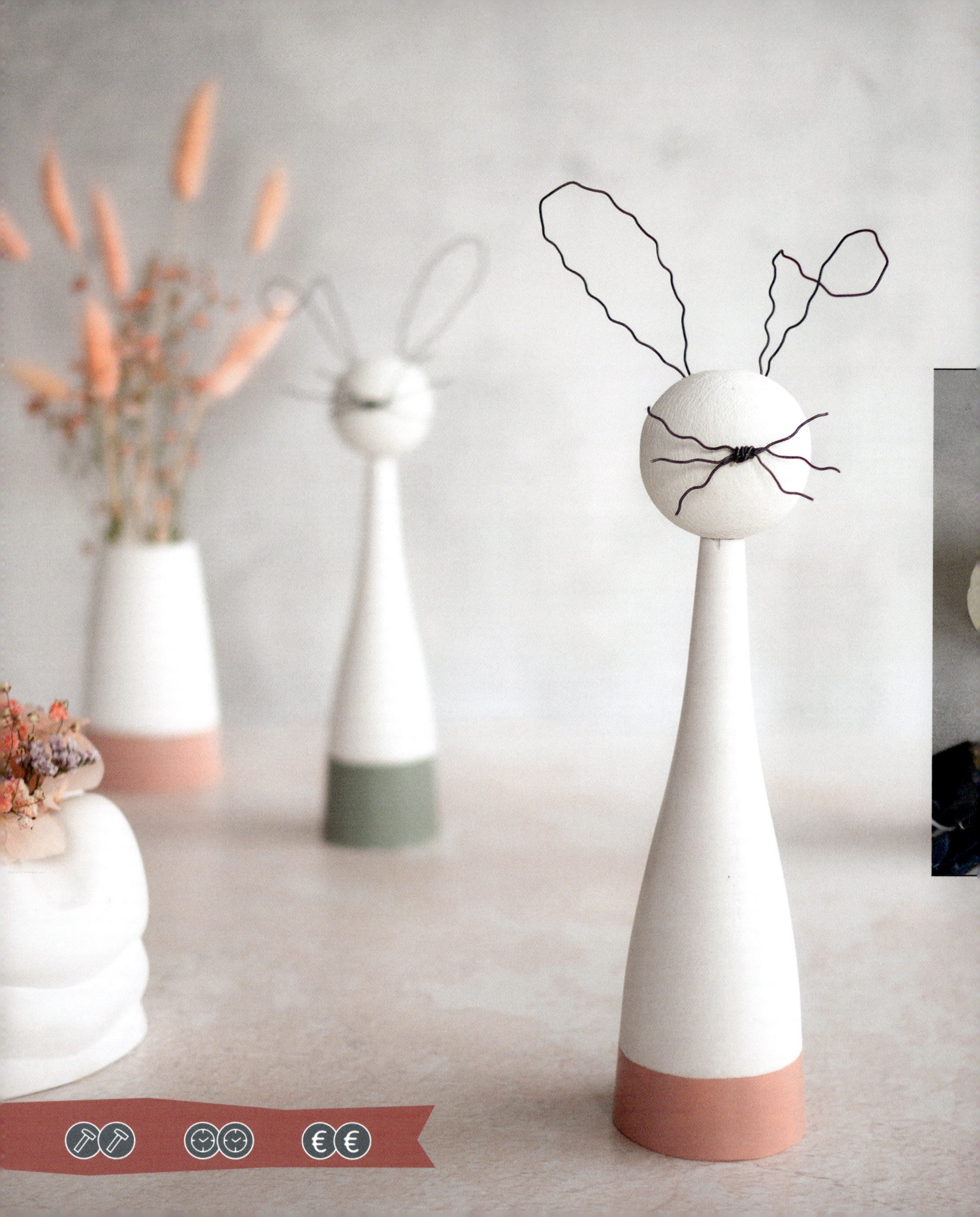

Osterhase

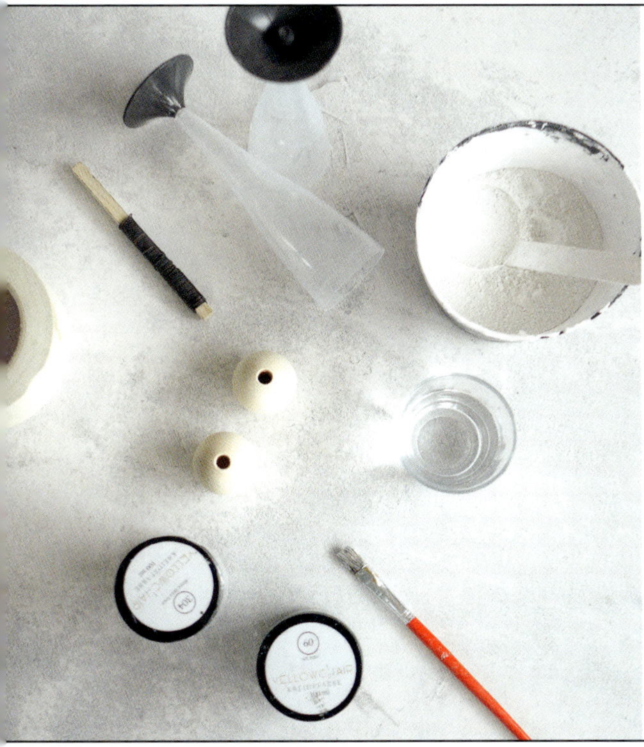

Material

- ✓ Weißes Gießpulver (z. B. von Raysin von Rayher)
- ✓ Wasser
- ✓ Holzkugel halbgebohrt (Durchmesser 4 cm)
- ✓ Basteldraht
- ✓ Farbe (z. B. Kreidefarbe in Weiß und deiner Lieblingsfarbe)

Werkzeug

- ✓ Acryl-Halbkugel
- ✓ Sand oder Steine bei Bedarf
- ✓ Einmal-Sektglas
- ✓ Malerkrepp
- ✓ Pinsel
- ✓ Akkuschrauber mit Bohrer

Diese charmanten Osterhasen bringen zwar weder Eier noch Süßes, dafür aber viel Freude zum Osterfest. Mit wenigen Handgriffen sind diese süßen Freunde hergestellt und begeistern Jung und Alt. Die Farbakzente wählst du nach deinem Geschmack – ob frühlingshaft bunt oder reduziert ganz monochrom.

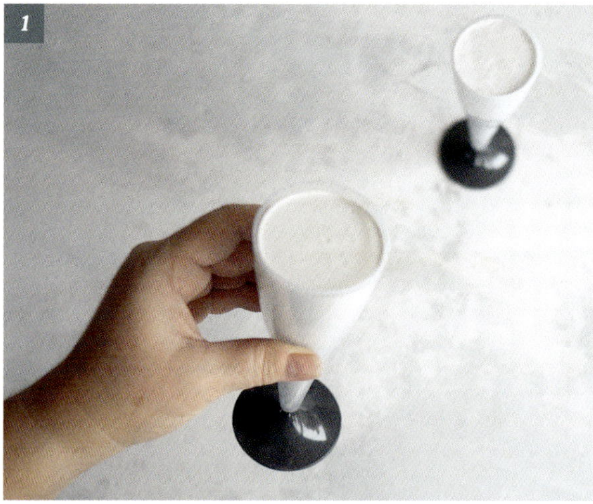

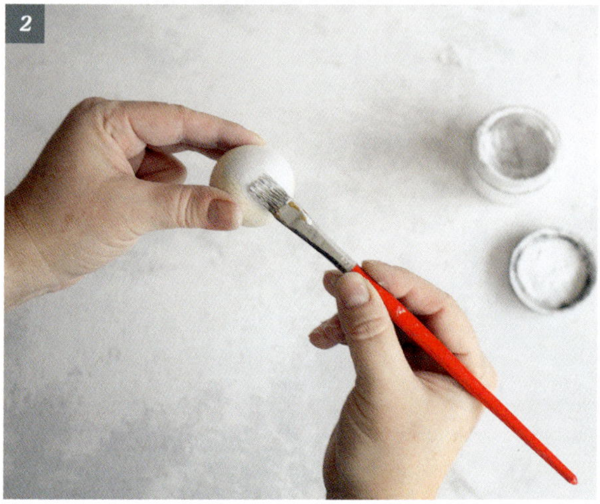

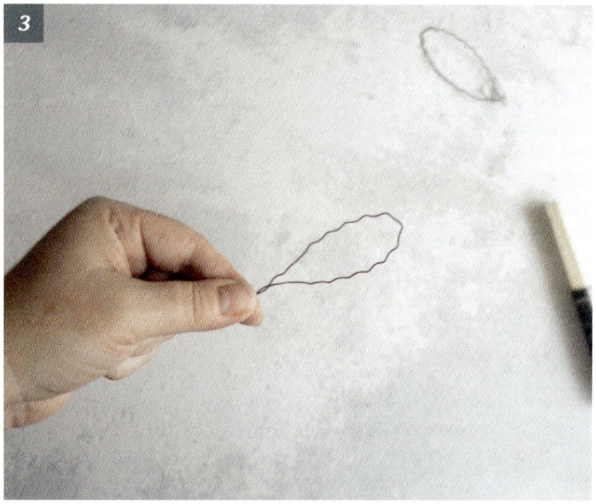

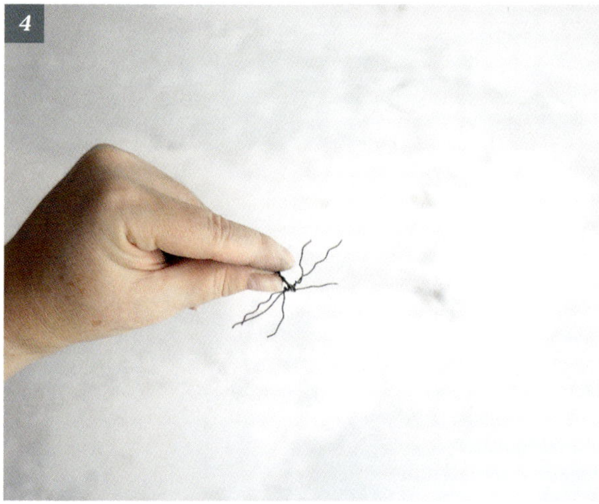

1. Rühre das Gießpulver mit Wasser im angegebenen Mischungsverhältnis an. Die angerührte Gießmasse füllst du in das Einmal-Sektglas und lässt alles gut durchtrocknen – am besten über Nacht. Danach löst du die Gießmasse aus der Form.

2. Die Holzkugel streichst du mit der weißen Farbe an.

3. Wickle ein Stück Draht von der Spule und forme zwei Hasenohren. Das zweite Ohr kannst du mit einem Knick versehen.

4. Lege drei kurze Drahtstücke übereinander und verknote sie mit einem vierten Stück zu einem Schnurrbart.

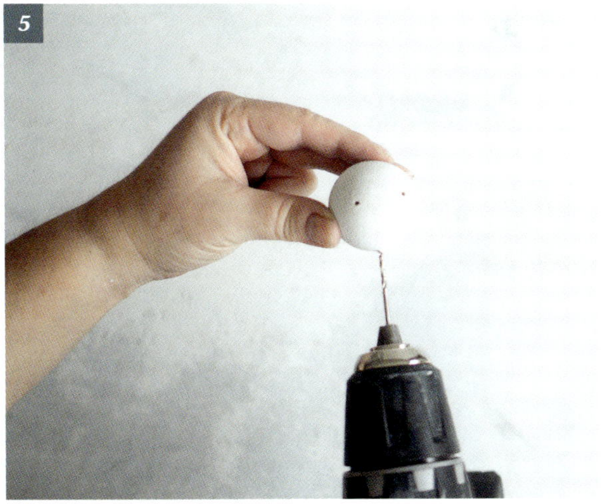

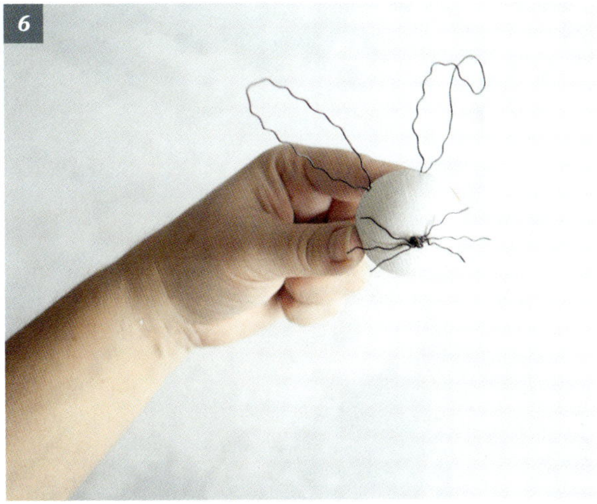

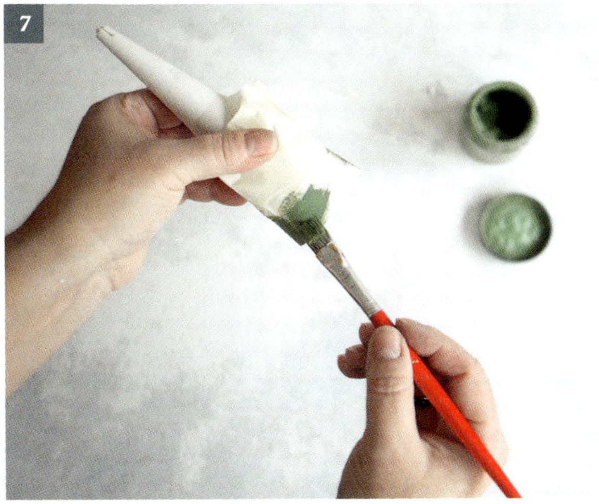

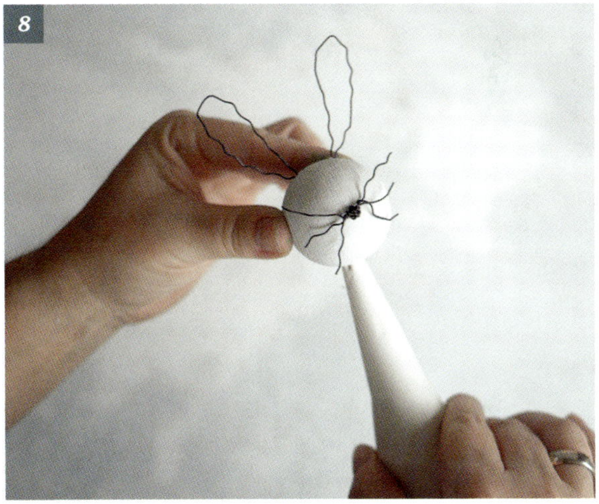

5. In die Holzkugel bohrst du drei Löcher – jeweils eins für die Ohren an der Oberseite und eins für den Bart etwas unterhalb der Mitte. Um Verletzungen zu vermeiden, spannst du dein Werkstück zum Bohren ein.

6. Nun steckst du Ohren und Bart in die Löcher.

7. Klebe mit Malerkrepp einen Sockel ab und bemale ihn in deiner Lieblingsfarbe.

8. Zuletzt befestigst du den Kopf am Körper deines Osterhasen. Bei Bedarf fixierst du den Kopf mit Heißkleber. Jetzt kannst du deinen Hasen für das Osterfest dekorieren, z. B. zusammen mit blühenden Frühlingsboten in einer schönen Vase.

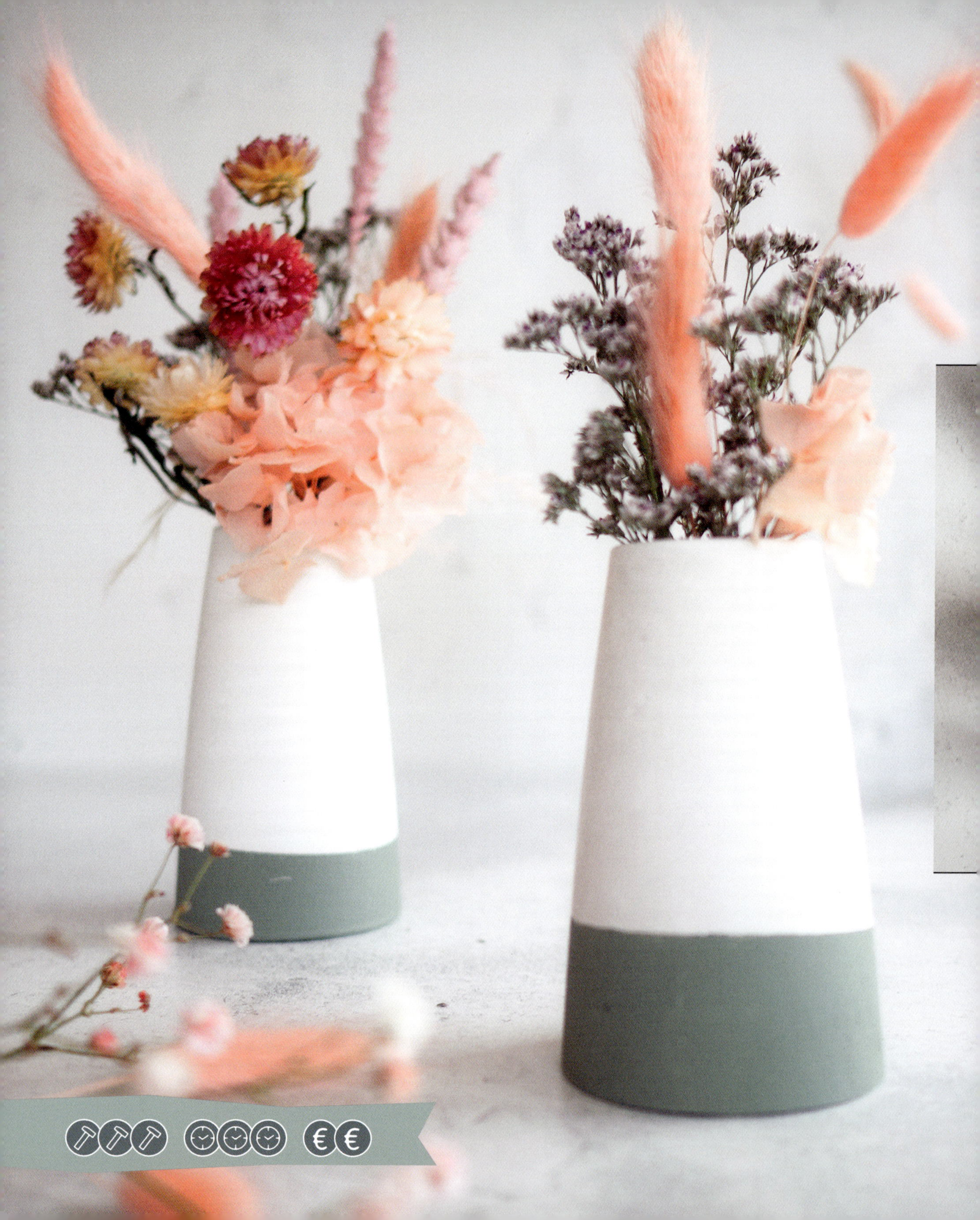

Frühlingsvase

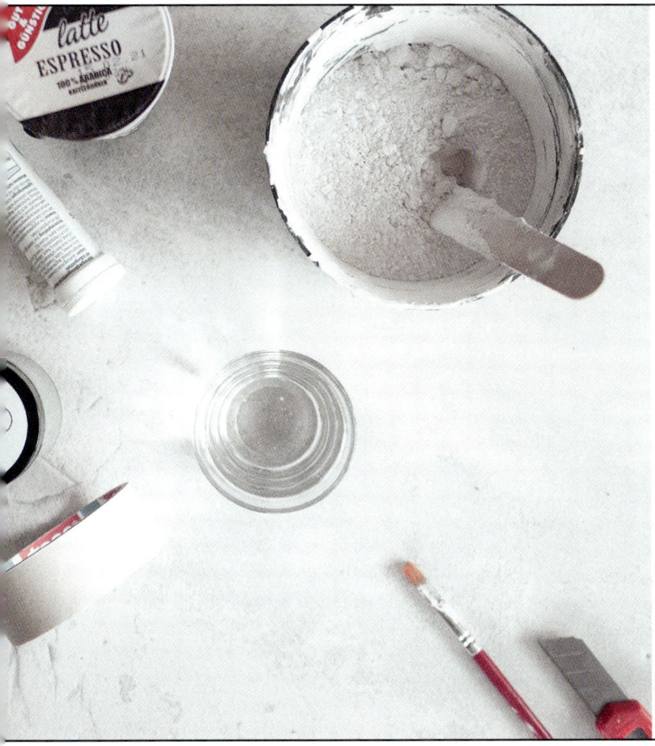

Material

- ✓ Weißes Gießpulver (z. B. von Raysin von Rayher)
- ✓ Wasser
- ✓ Plastikbecher (z. B. von einem Kaffeegetränk aus dem Kühlregal)
- ✓ Tablettenröhrchen
- ✓ Farbe (z. B. Kreidefarbe in deiner Lieblingsfarbe)
- ✓ Tondicht bei Bedarf

Werkzeug

- ✓ Cuttermesser
- ✓ Malerkrepp
- ✓ Pinsel

Passend zu den süßen Osterhasen kannst du diese wunderschönen Betonvasen gestalten. Wählst du die gleichen Farben für den Sockel, passen Hasen und Vasen perfekt zusammen und werden damit zu einem echten Blickfang für deine Frühlingsdeko.

1

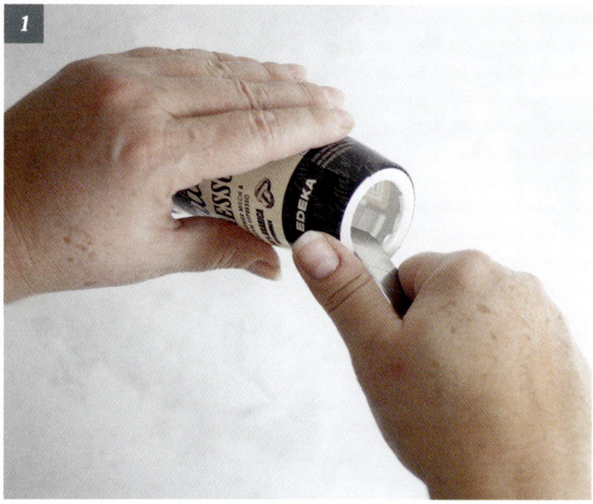

2

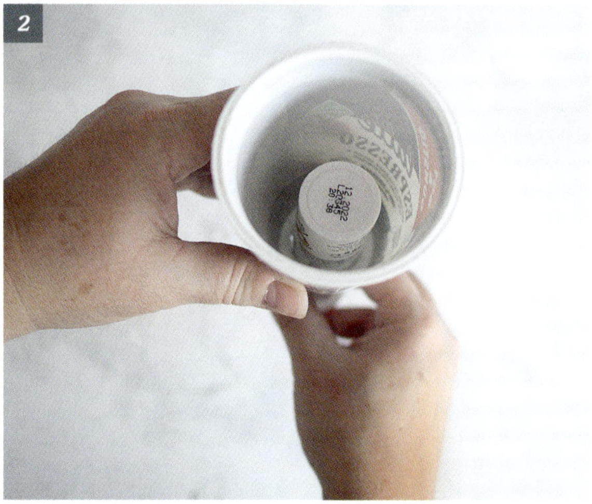

3

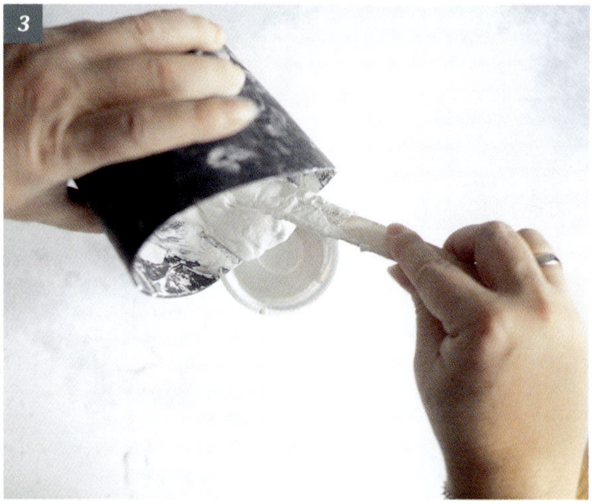

1. Zuerst schneidest du mit dem Cuttermesser ein Loch in den Boden des Bechers. Der Durchmesser richtet sich nach dem Durchmesser deines Tablettenröhrchens.

2. Nun schiebst du das Tablettenröhrchen durch das Loch. Achte darauf, es nur so weit nach oben zu schieben, dass du es nachher noch mit ausreichend Gießmasse bedecken kannst.

3. Rühre das Gießpulver mit Wasser im angegebenen Mischungsverhältnis an und fülle die Masse in den Plastikbecher. Lasse alles gut durchtrocknen.

4. Danach ziehst du das Tablettenröhrchen vorsichtig heraus. Am besten funktioniert das, wenn du das Röhrchen drehst.

5. Die Vase löst du dann aus dem Becher heraus.

6. Mit Malerkrepp klebst du einen Sockel ab und bemalst ihn in deiner Lieblingsfarbe. Danach entfernst du das Malerkrepp. Für den Fall, dass du deine Vase wasserdicht haben möchtest, kannst du sie von innen mit Tondicht ausschwenken und danach gut durchtrocknen lassen. Viel Freude mit deiner neuen Vase!

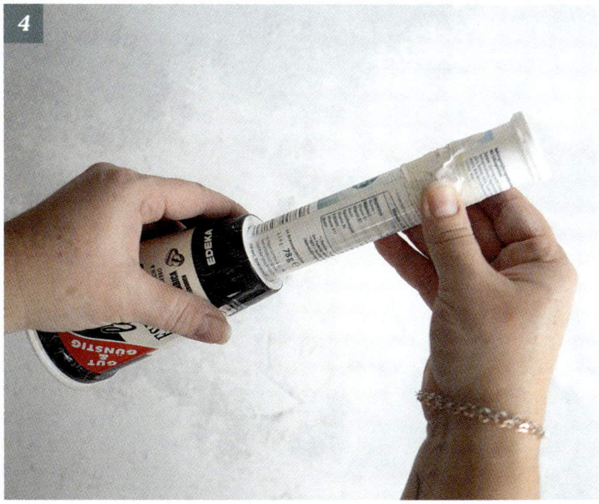

4

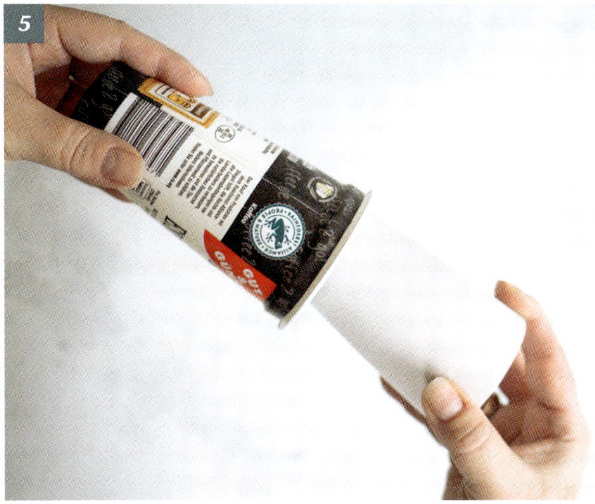

5

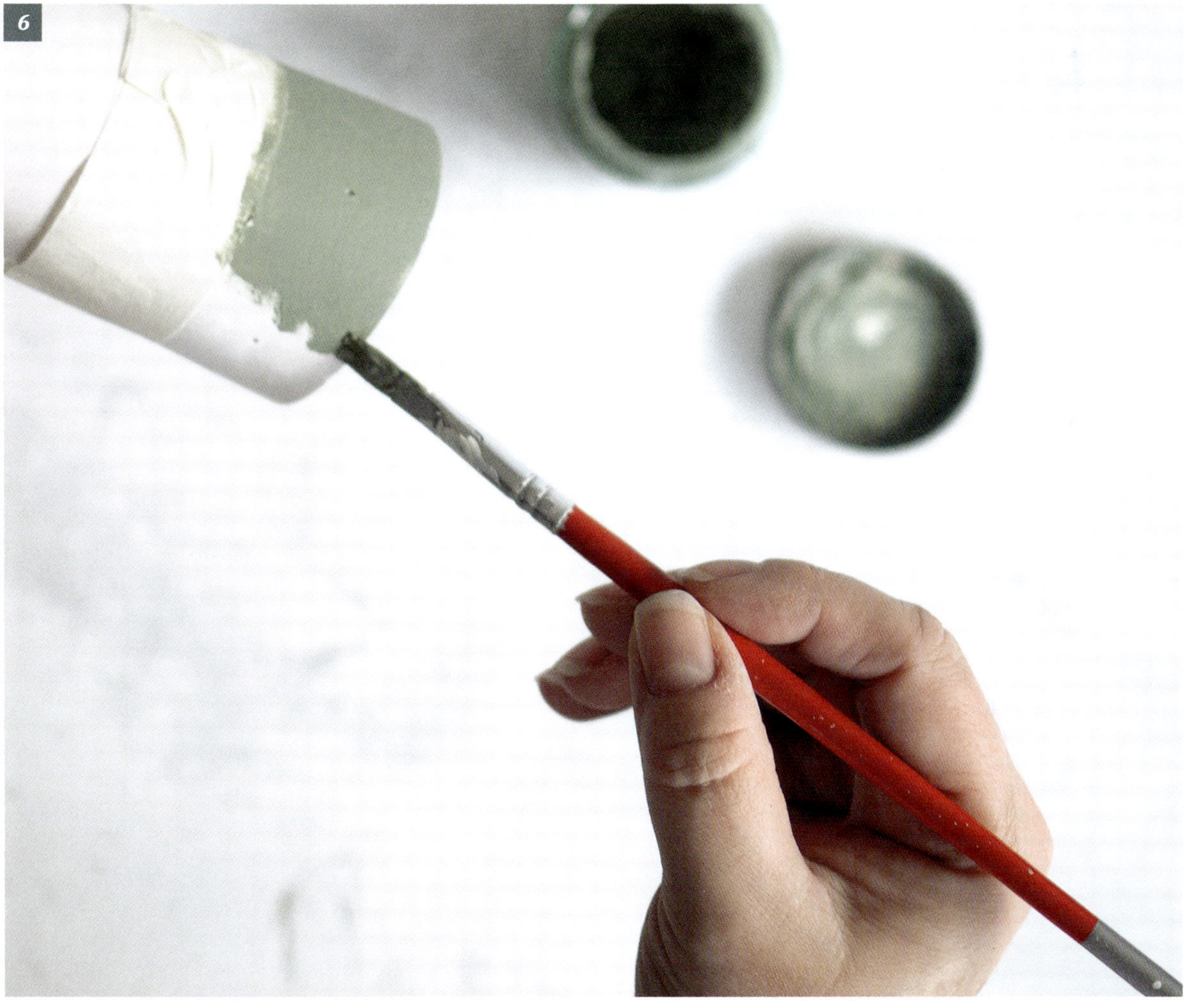

6

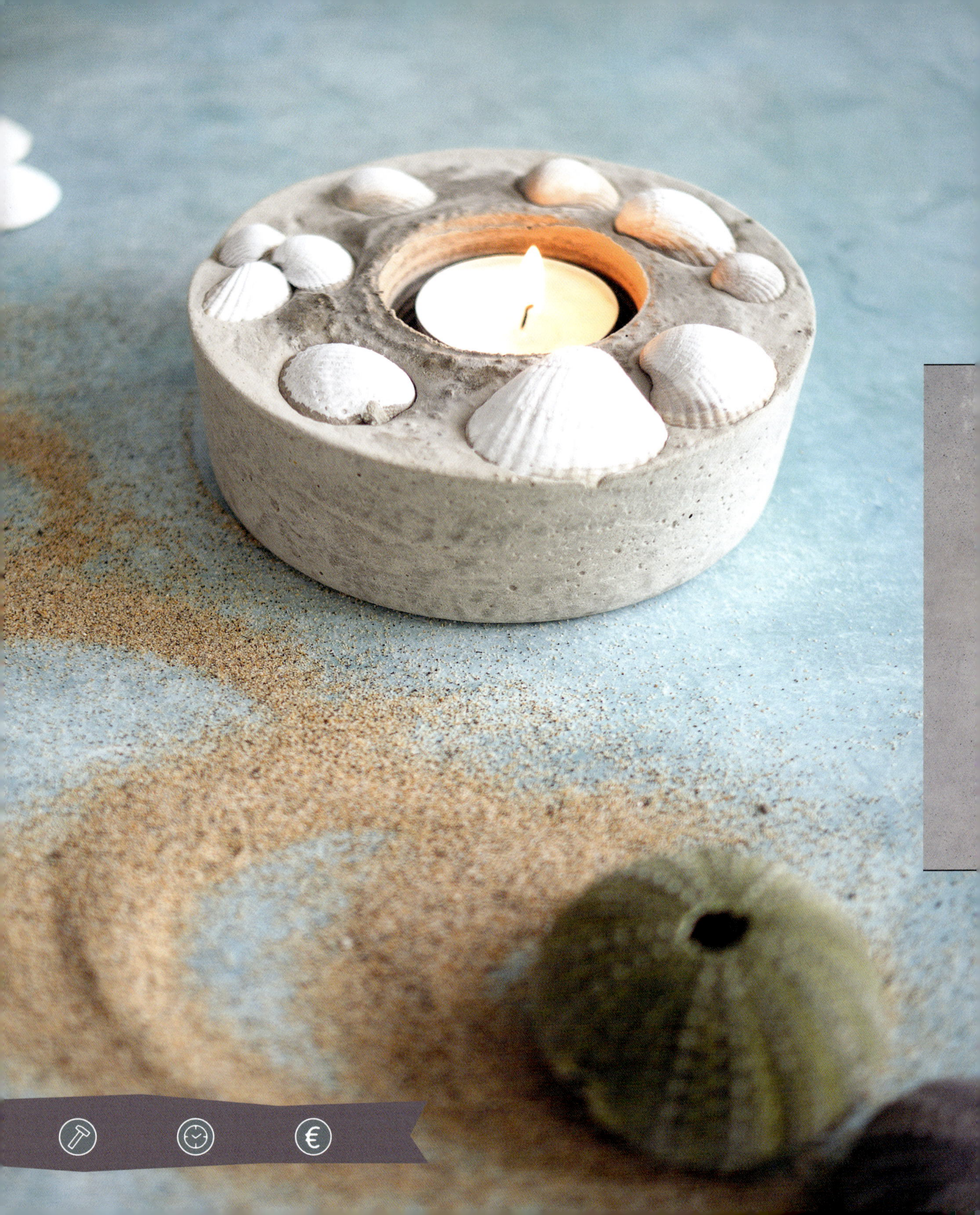

Muschellicht

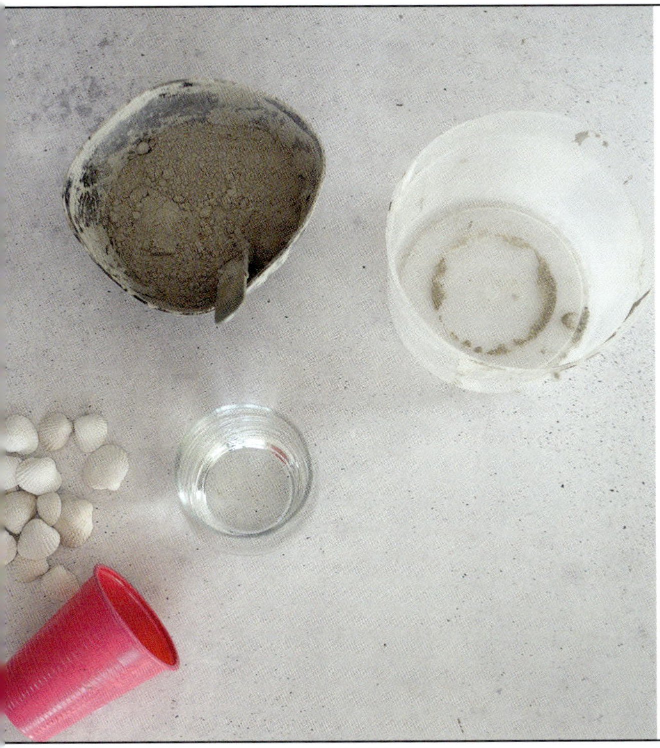

Material

- ✓ Betonpulver
- ✓ Wasser
- ✓ Einmalbecher
- ✓ Speiseöl
- ✓ Verschiedene Urlaubserinnerungsstücke: kleine Muscheln, Schneckenhäuschen, Holzstücke, Steinchen, Treibholz o. Ä.

Werkzeug

- ✓ Plastikeimerchen (z. B. von Straßenmalkreide)
- ✓ Pinsel
- ✓ Stein bei Bedarf

Wer sammelt sie nicht – kleine Muscheln im Urlaub? Doch dann ist man wieder zu Hause und weiß nicht, wohin damit. Mit diesem DIY-Objekt jedoch schon: Gestalte aus Fundstücken einen Teelichthalter und genieße bei Kerzenschein deine Erinnerungen an Strand und Meer und den einen oder anderen Rückblick auf eine tolle Zeit.

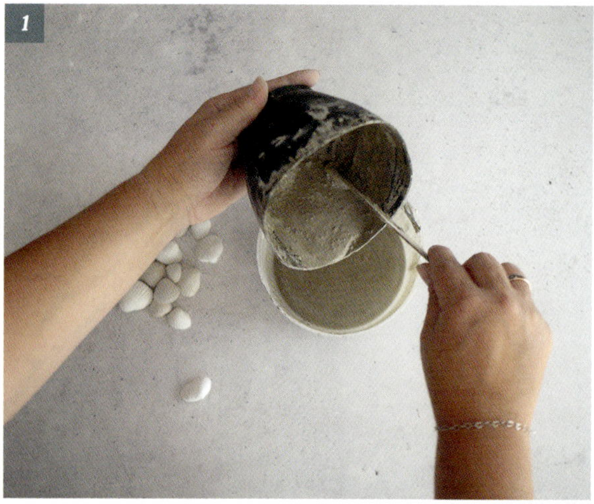

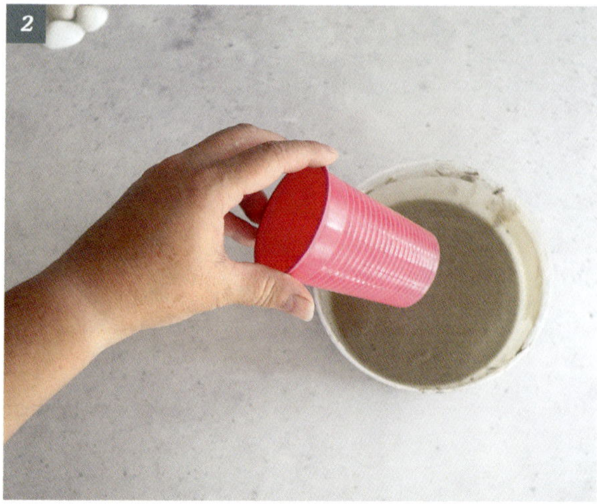

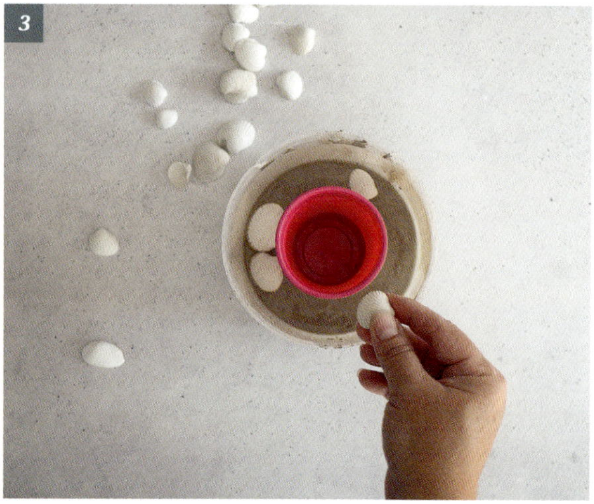

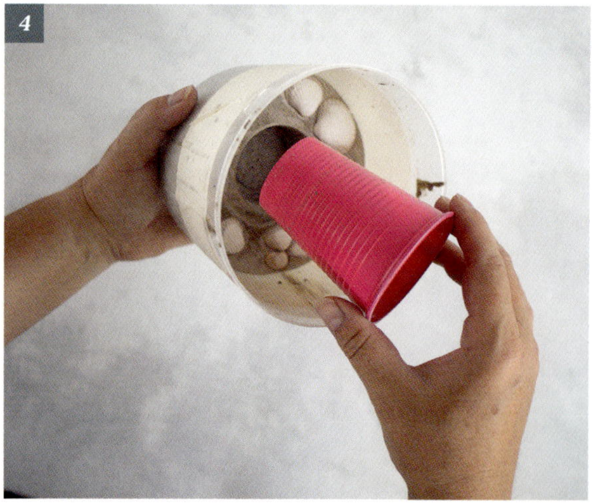

1. Um den Beton später gut aus der Form lösen zu können, streichst du das Plastikeimerchen vorab innen mit Speiseöl aus. Rühre das Betonpulver mit Wasser im angegebenen Mischungsverhältnis an und fülle die Masse in das Eimerchen.

2. Öle die Außenwand des Einmalbechers ebenso etwas ein. In die noch frische Betonmasse steckst du dann den Einmalbecher hinein. Falls notwendig, beschwere ihn mit einem Stein.

3. Um den Einmalbecher herum platzierst du deine Erinnerungsstücke. Nun lässt du den Beton gut durchtrocknen.

4. Danach entfernst du vorsichtig den Einmalbecher.

5. Zuletzt löst du deinen Teelichthalter vorsichtig aus der Form. Fertig ist ein DIY-Objekt, das deine persönliche Urlaubserinnerung und die schönste Zeit des Jahres wieder zurückbringt.

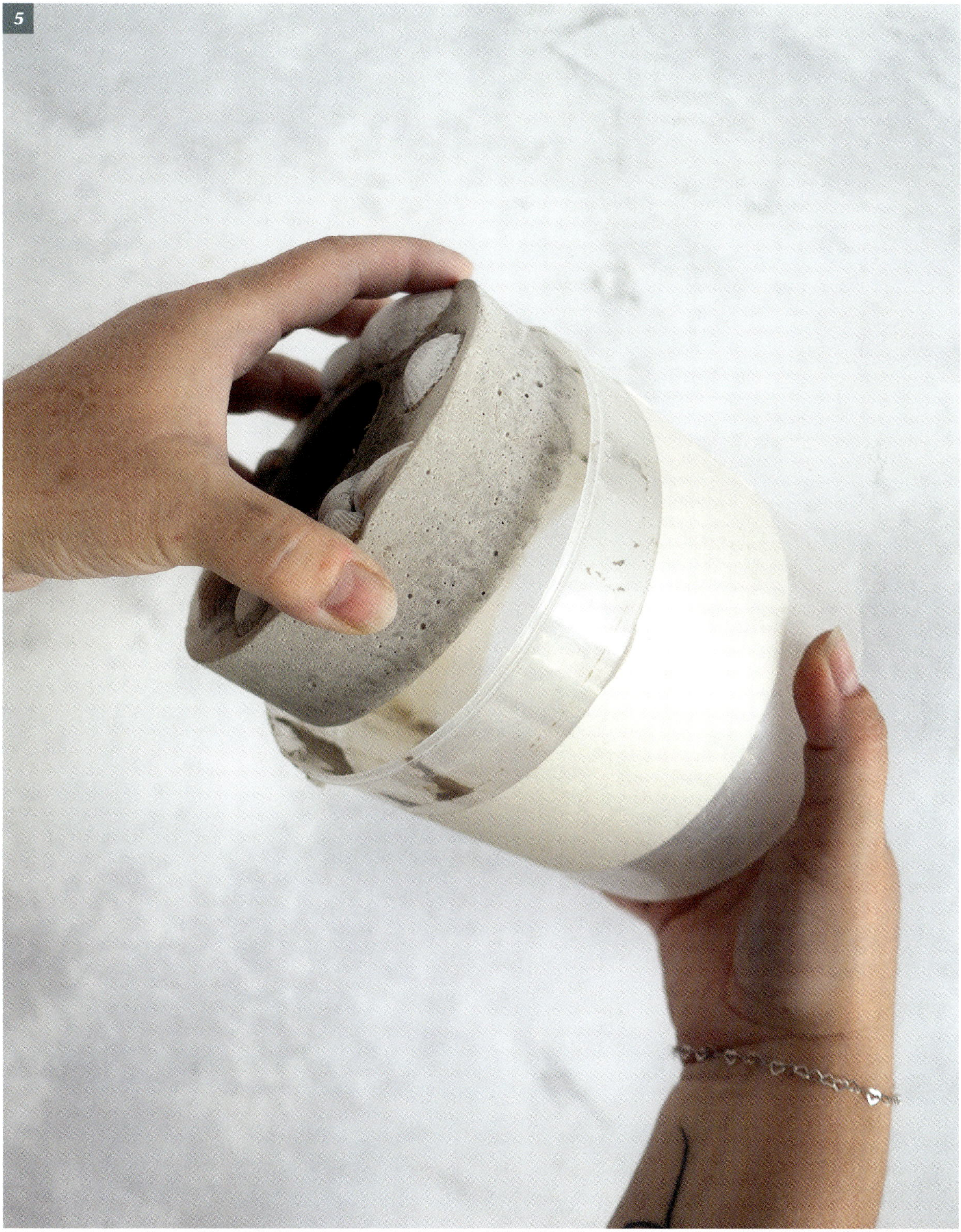
5

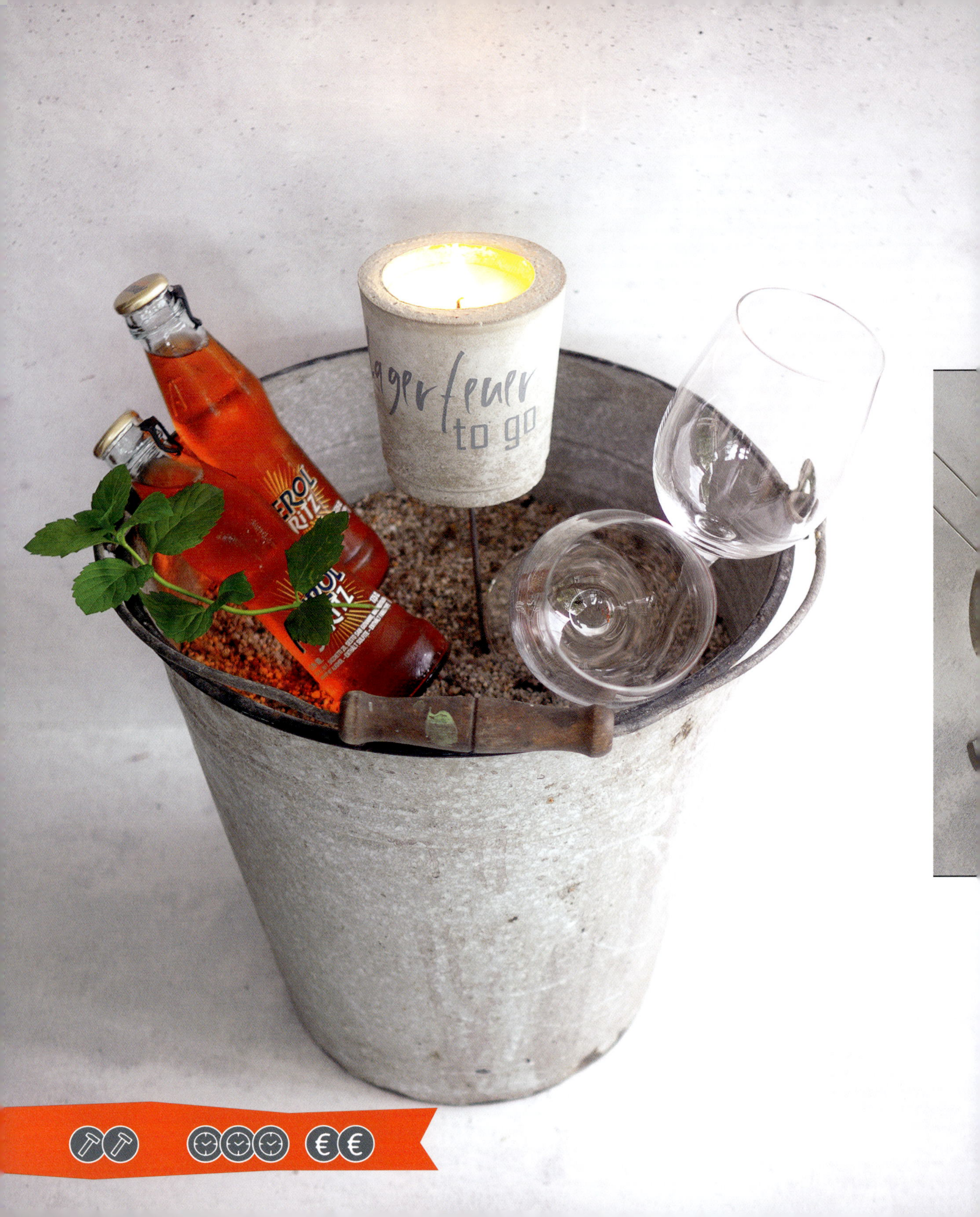
agerfeuer
to go

Lagerfeuer to go

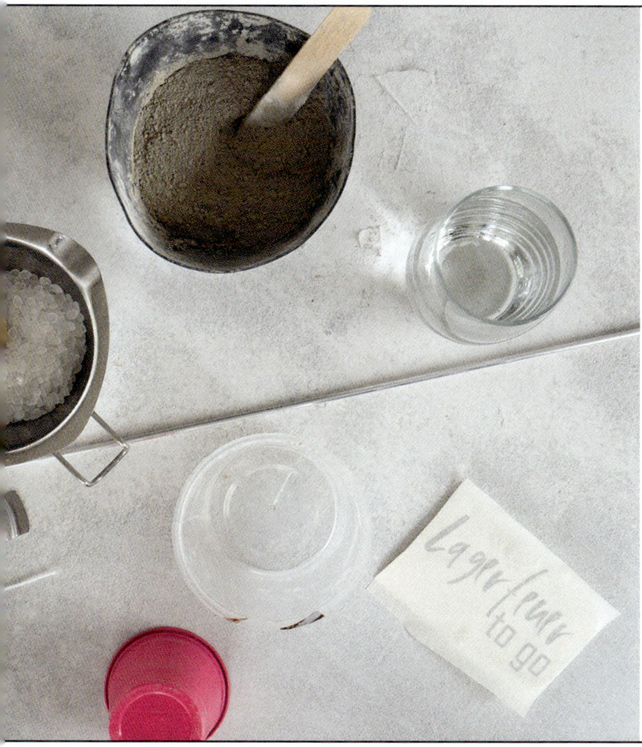

Material

- ✓ Betonpulver
- ✓ Wasser
- ✓ Plastikbecher, größer als der Einmalbecher
- ✓ Einmalbecher
- ✓ Metallstab
- ✓ Speiseöl
- ✓ Kerzenwachs und -docht
- ✓ Schriftzug aus Vinylfolie bei Bedarf

Werkzeug

- ✓ Dochthalter
- ✓ Schmelztopf
- ✓ Pinsel
- ✓ Sand oder Steine

Nicht an jedem lauschigen Plätzchen darf man ein Lagerfeuer anzünden. Aber irgendwie gehört es doch zu einem gemütlichen Abend unter freiem Himmel dazu … Die Lösung? Dieses Lagerfeuer to go!

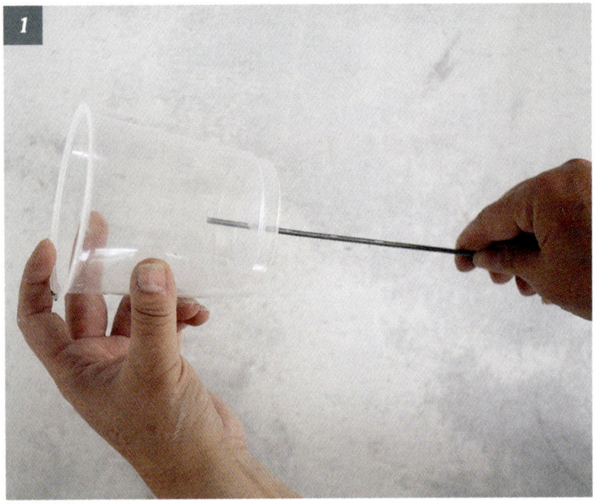

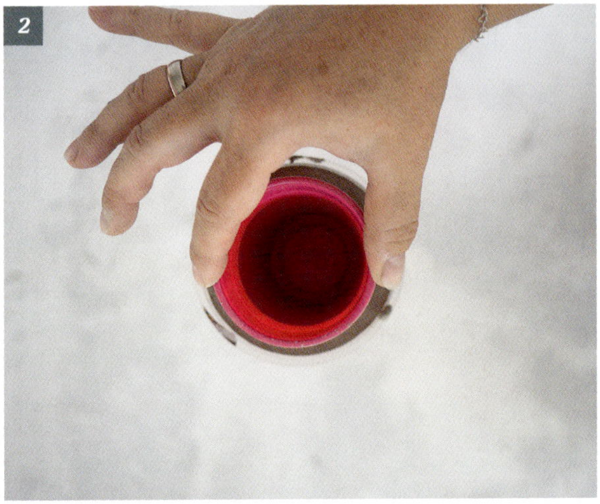

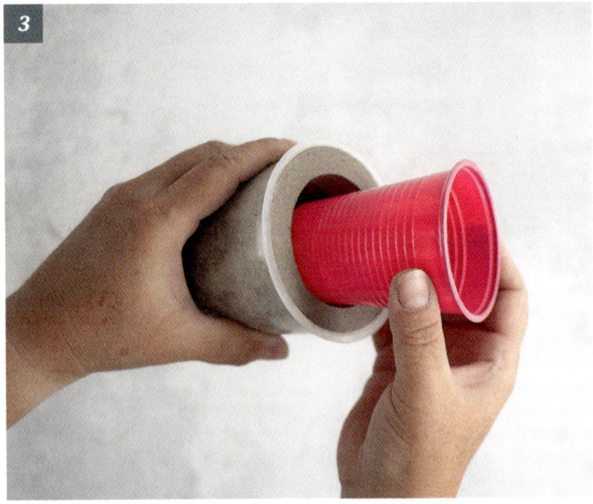

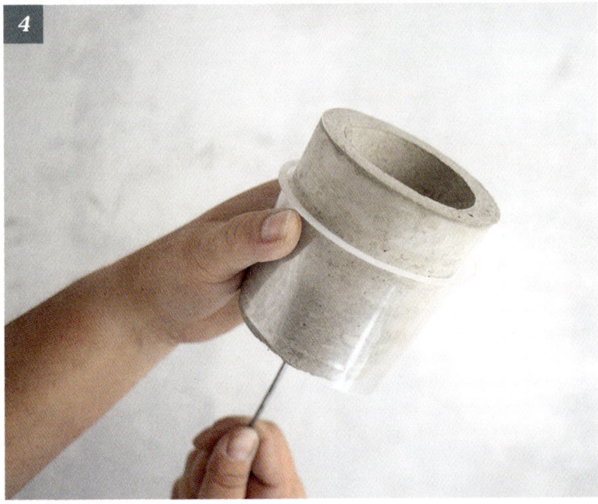

1. In den Plastikbecher stichst du von unten mittig ein Loch. Durch dieses Loch steckst du den Metallstab. Streiche den Plastikbecher von innen und den Einmalbecher von außen mit etwas Speiseöl ein.

2. Mische das Betonpulver mit Wasser im angegebenen Mischungsverhältnis. Die Masse füllst du dann in den Plastikbecher. Den Einmalbecher platzierst du mittig in den noch zähflüssigen Beton – beschwere ihn bei Bedarf mit Sand oder Steinen – und lässt alles gut durchtrocknen. Für den Trocknungsprozess kannst du den Becher mit dem Stab in eine Flasche stecken.

3. Nach dem Trocknen entfernst du den Einmalbecher.

4. Den äußeren Plastikbecher entfernst du ebenfalls. Schneide ihn bei Bedarf ein, um die Form auszulösen.

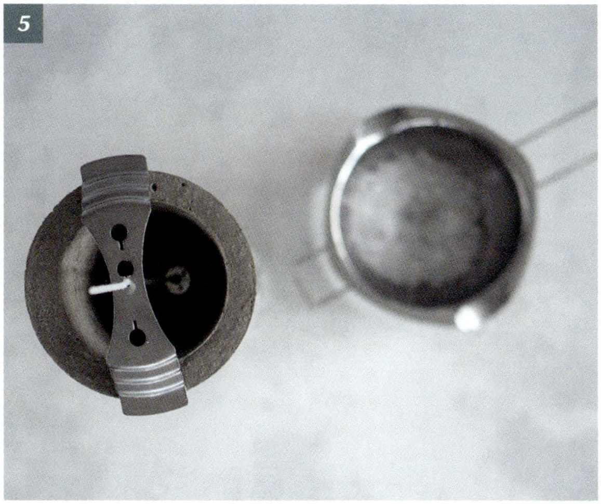

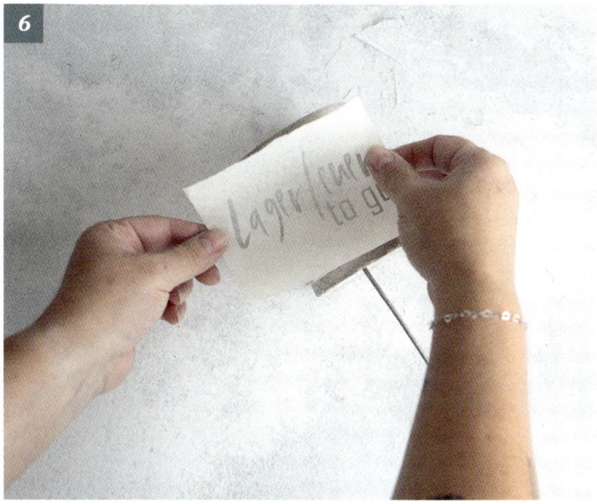

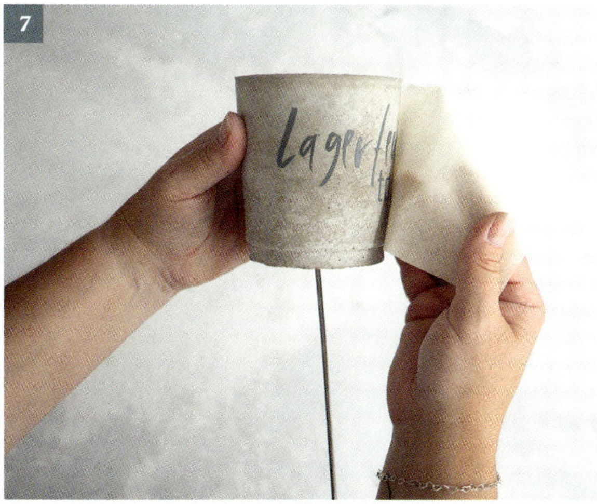

5. Für eine selbst gegossene Kerze platzierst du den Docht mit dem Dochthalter mittig im Betontopf. Das Wachs erwärmst du im Schmelztopf im Wasserbad, bis es flüssig ist, und füllst es zügig in den Betontopf. Dann lässt du das Wachs abkühlen und fest werden. (Statt die Kerze selbst zu gießen, kannst du auch ein Teelicht in den Betontopf stellen.)

6. Deinen Betontopf kannst du noch mit dem Schriftzug „Lagerfeuer to go“ verzieren. Du kannst ihn handschriftlich aufbringen …

7. … oder wie ich einen Vinyl-Schriftzug übertragen. Jetzt muss nur noch das Wetter mitspielen und einem gemütlichen Abend am Lagerfeuer to go bei einem kühlen Getränk steht nichts mehr im Weg. Viel Spaß!

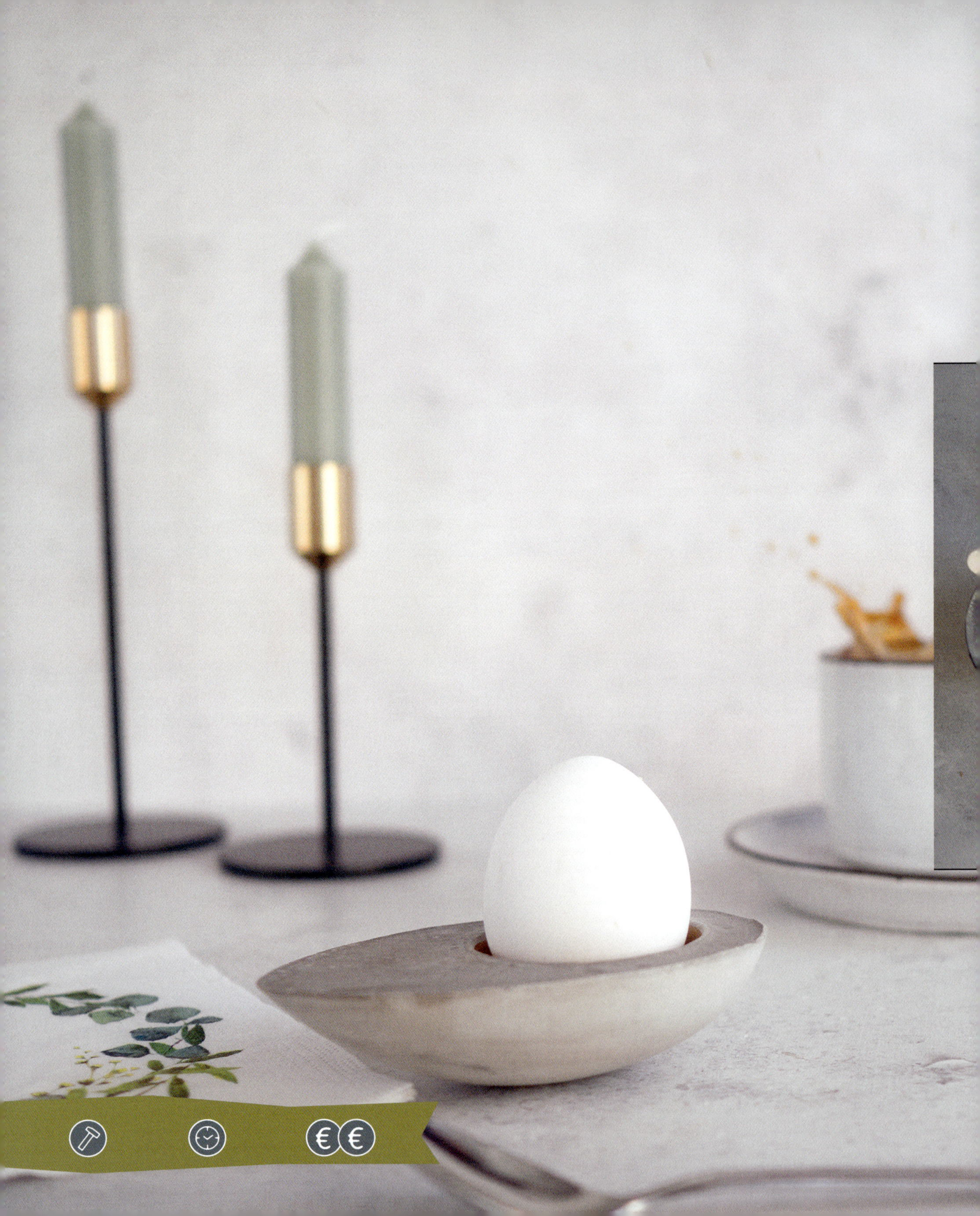

Eierbecher

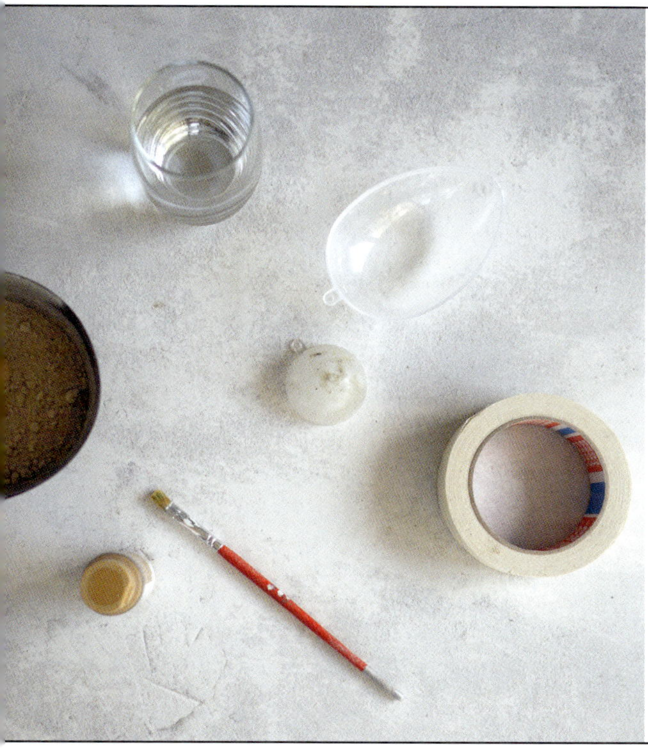

Material

- ✓ Betonpulver
- ✓ Wasser
- ✓ Speiseöl
- ✓ Farbe (z. B. Acrlyfarbe in Gold)

Werkzeug

- ✓ Acryl-Eihälfte
- ✓ Kleine Acryl-Halbkugel
- ✓ Pinsel
- ✓ Feinkörniges Schleifpapier
- ✓ Stein bei Bedarf

Es war mal ein Eierbecher / das war ein besonders fescher. / Aus Beton und bunt bemalt / anders als die andern halt (frei nach Reinhard Lakomy). Du möchtest auch einen besonderen Eierbecher für deinen Frühstückstisch? Dann ran an den Beton! Im Nu hast du ihn selbst hergestellt. Das freut gewiss auch dein Frühstücksei.

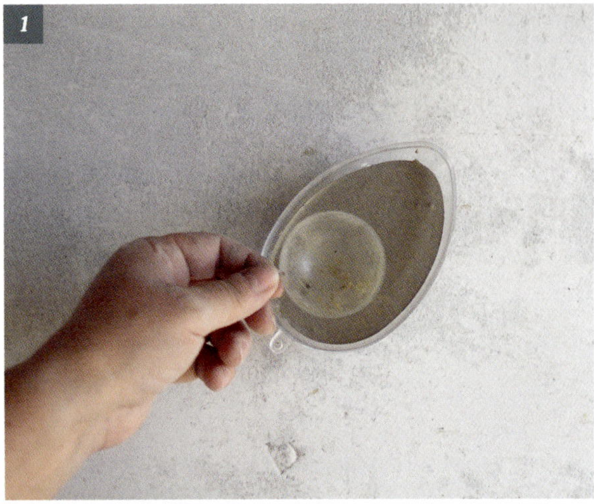

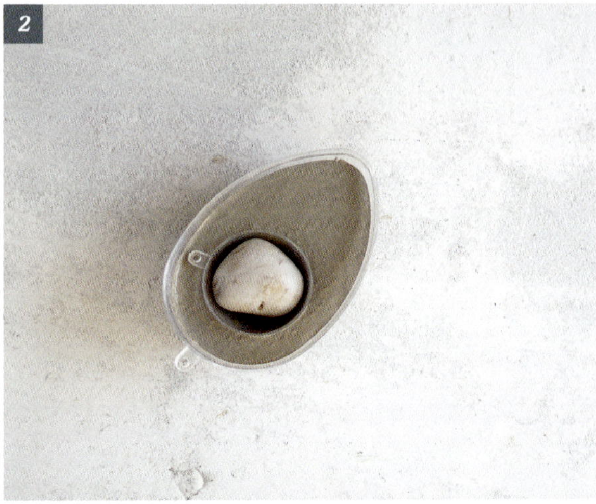

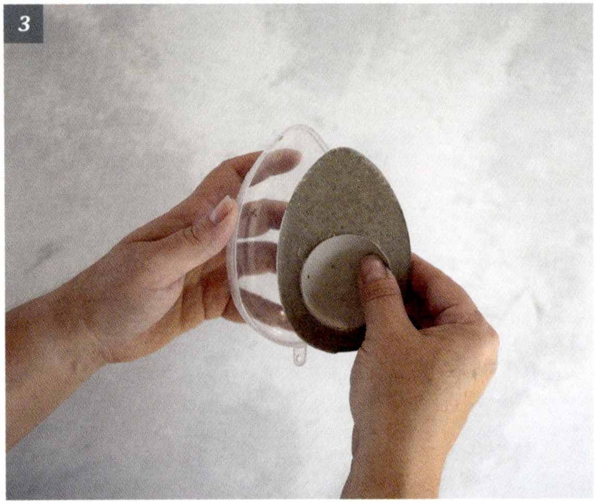

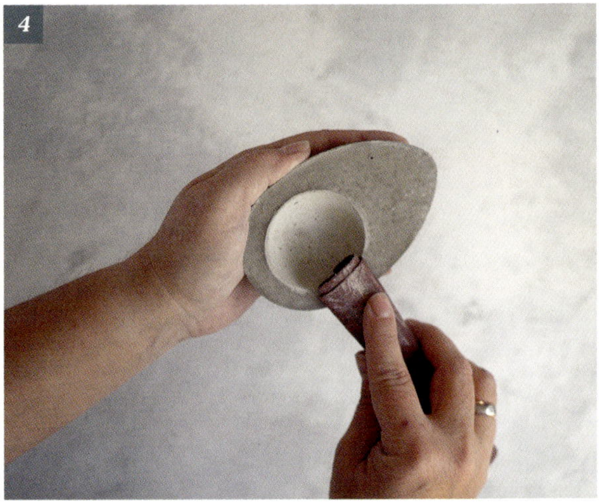

1. Damit sich die Schalen später gut vom Beton lösen lassen, streichst du die Eierform von innen und die Halbkugel von außen mit Speiseöl ein. Dann mischst du das Betonpulver mit Wasser im angegebenen Mischungsverhältnis und füllst die Masse in die Ei-Halbschale.

2. Drücke die Acryl-Halbschale in die noch zähflüssige Betonmasse und beschwere sie ggf. mit einem Stein. Lasse alles gut durchtrocknen.

3. Danach entfernst du die Acryl-Halbkugel und löst das halbe Betonei aus der Schale.

4. Schleife mit Schleifpapier den Rand der Vertiefung glatt.

5. Zuletzt bemalst du die Vertiefung in deiner Lieblingsfarbe. Nach dem Trocknen der Farbe freut sich dein Eierbecher auf sein erstes Frühstücksei. Guten Appetit!

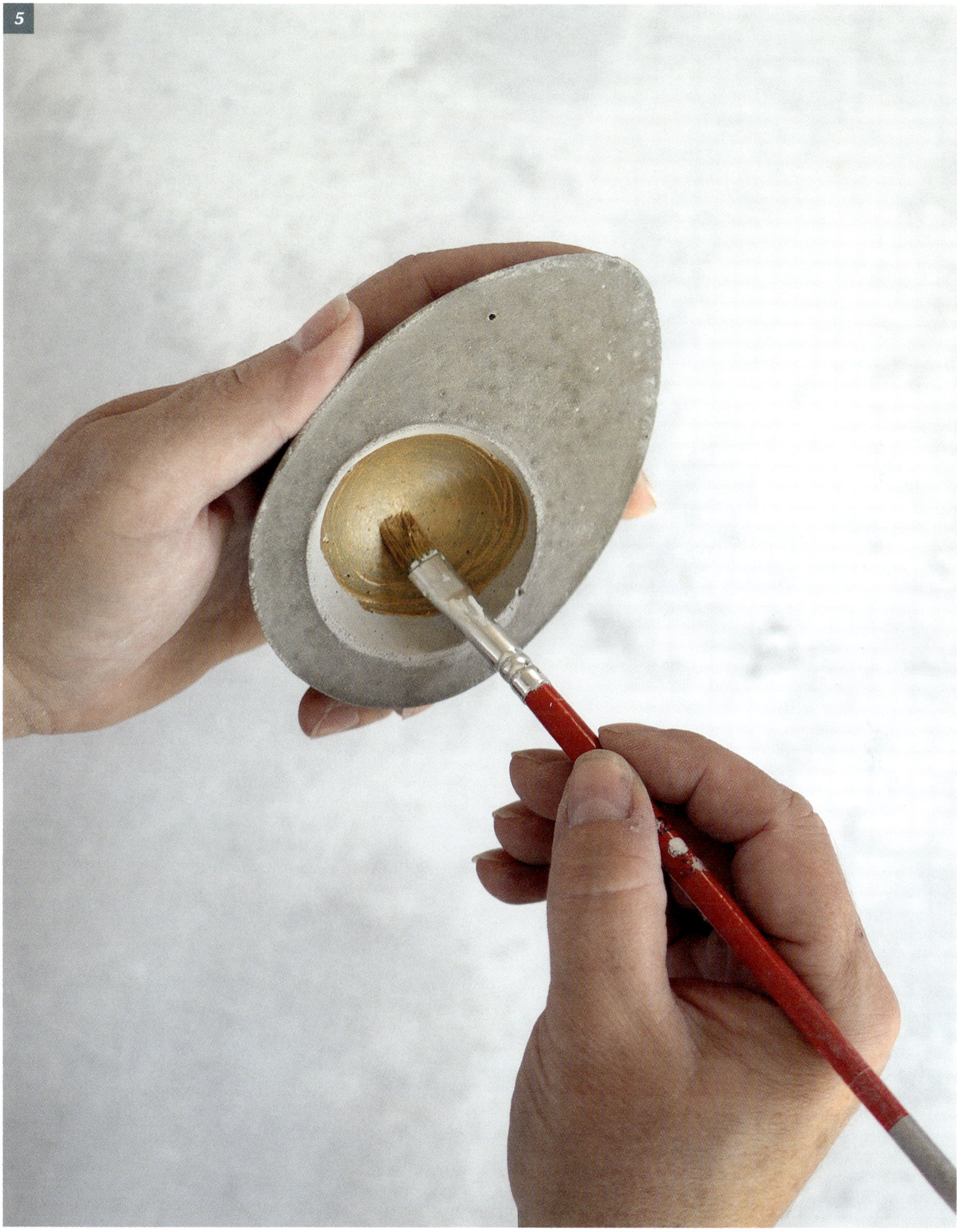
5

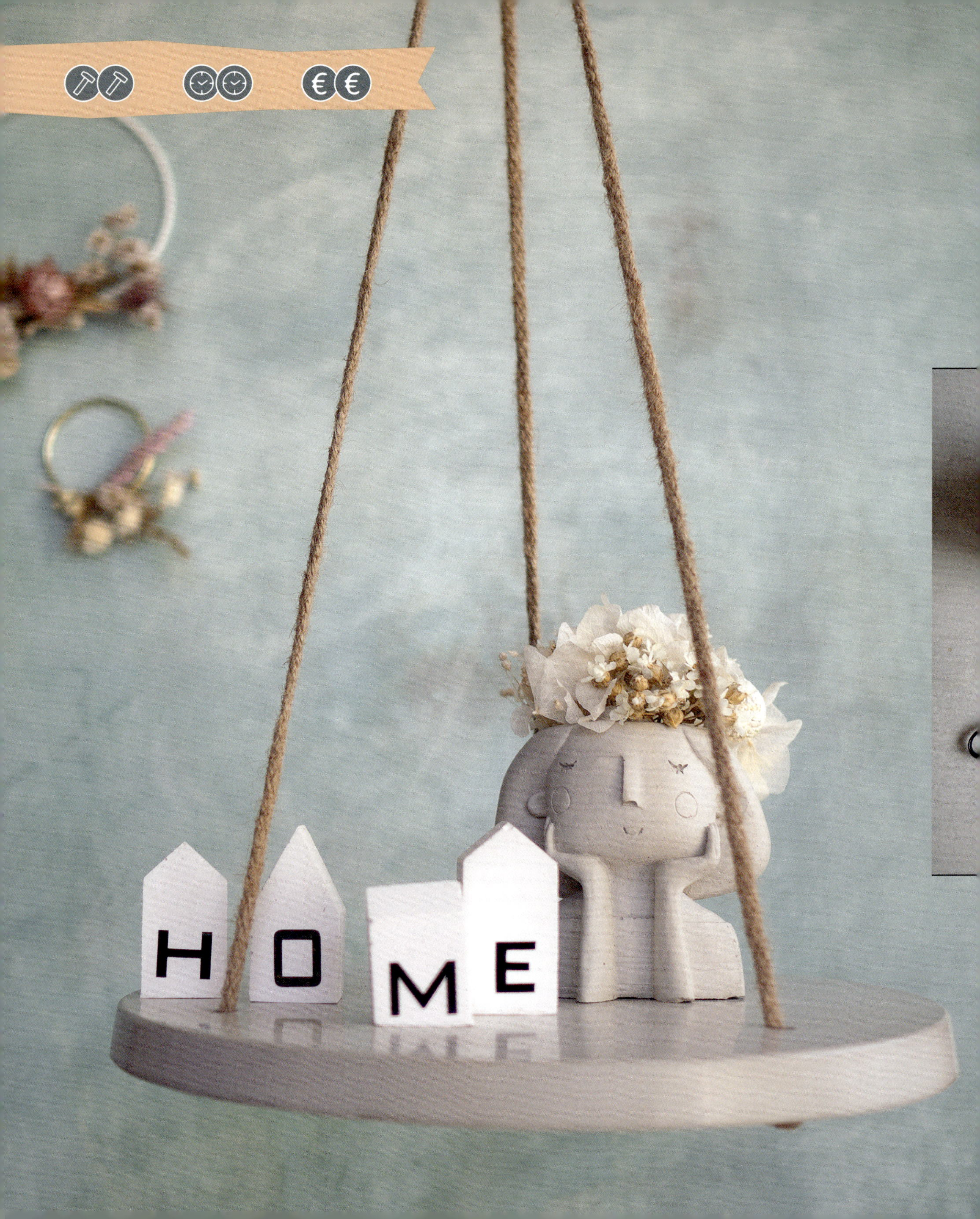
HOME

Hängetisch

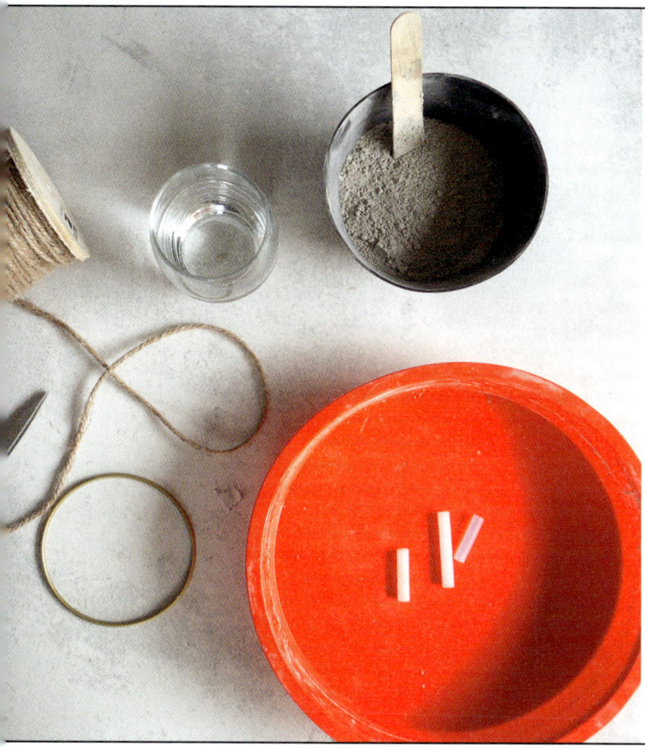

Material

- ✓ Betonpulver
- ✓ Wasser
- ✓ 3 Silikonsticks (Nachfüllstick für Klebepistolen)
- ✓ Metallring
- ✓ Juteschnur

Werkzeug

- ✓ Silikon-Backform Kreis
- ✓ Schere
- ✓ Schleifpapier (ca. 120er-Körnung) bei Bedarf

Auf diesem hübschen kleinen Hängetisch lassen sich Deko-Objekte wunderbar in Szene setzen. Ein echter Hingucker, der sich mit wenigen Handgriffen selbst herstellen lässt.

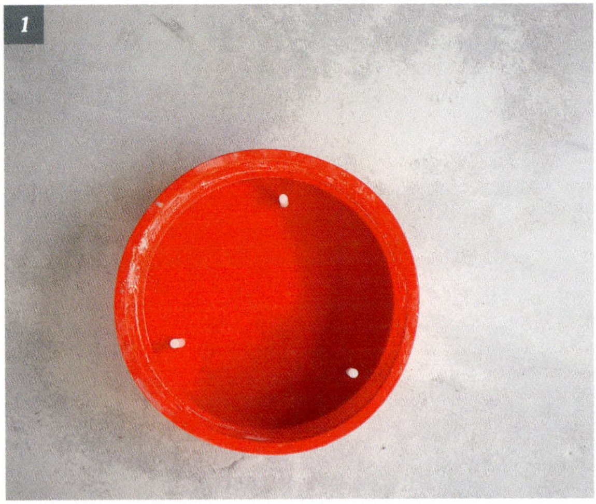

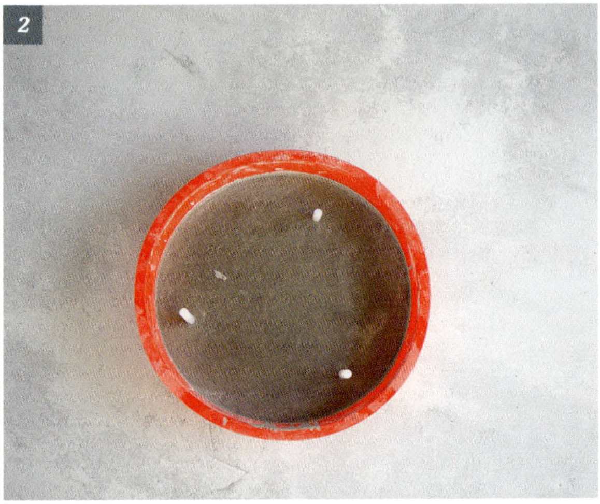

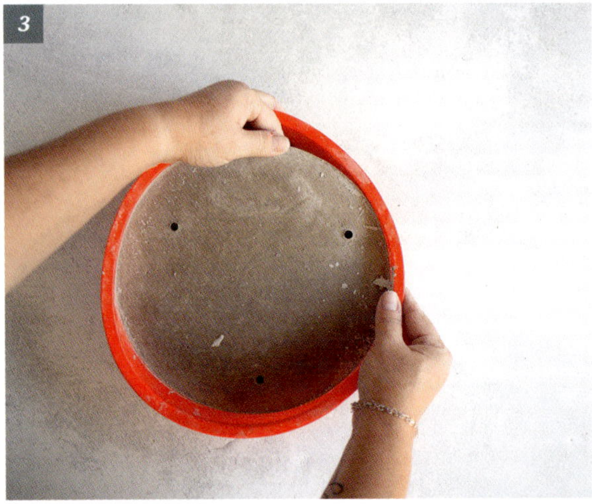

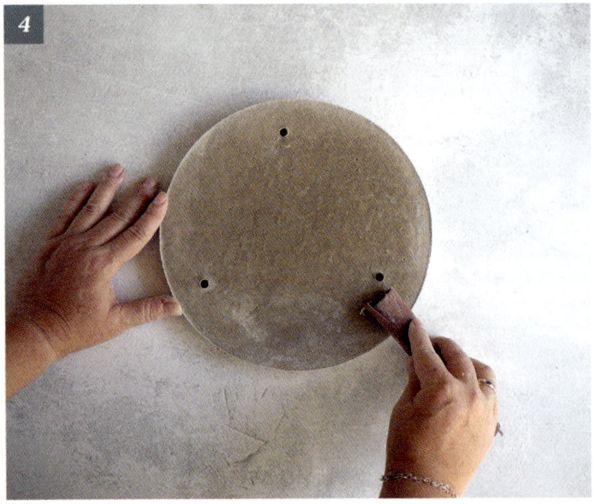

1. Rühre das Betonpulver mit Wasser im angegebenen Mischungsverhältnis an. Platziere zuerst die drei Silikonsticks in der Form – achte darauf, dass die Sticks den gleichen Abstand zueinander und jeweils den gleichen Abstand zum Rand der Silikonform haben.

2. Fülle dann die Masse in die Silikonform. Den Beton lässt du nun gut durchtrocknen.

3. Entferne danach vorsichtig die Silikonsticks und löse die Betonplatte behutsam aus der Form.

4. Den Rand kannst du bei Bedarf mit Schleifpapier glatt schleifen.

5. Am Metallring befestigst du mit dem sogenannten Galgenknoten drei Juteschnüre der gleichen Länge. Anleitungen, um den Galgenknoten zu schnüren, findest du im Internet.

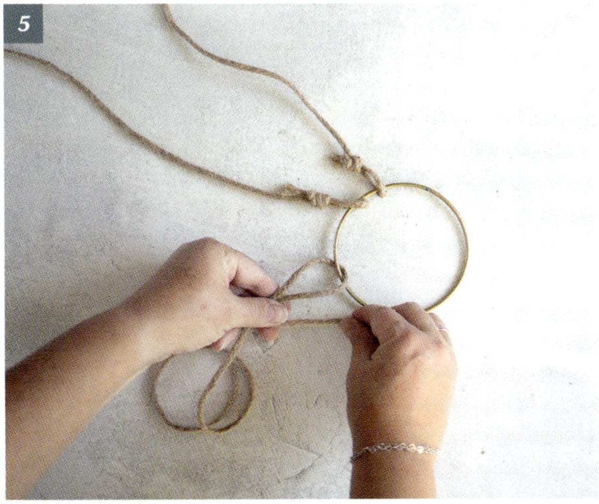

6. Führe die Juteschnur nun durch die Löcher deiner Betonplatte. Zuletzt verknotest du die Schnüre auf der Unterseite. Jetzt kannst du deinen Tisch, z. B. in einer Zimmerecke, aufhängen. Liebevoll dekoriert ist ein tolles Deko-Objekt, das sicher nicht nur dir, sondern auch deinen Gästen gefällt.

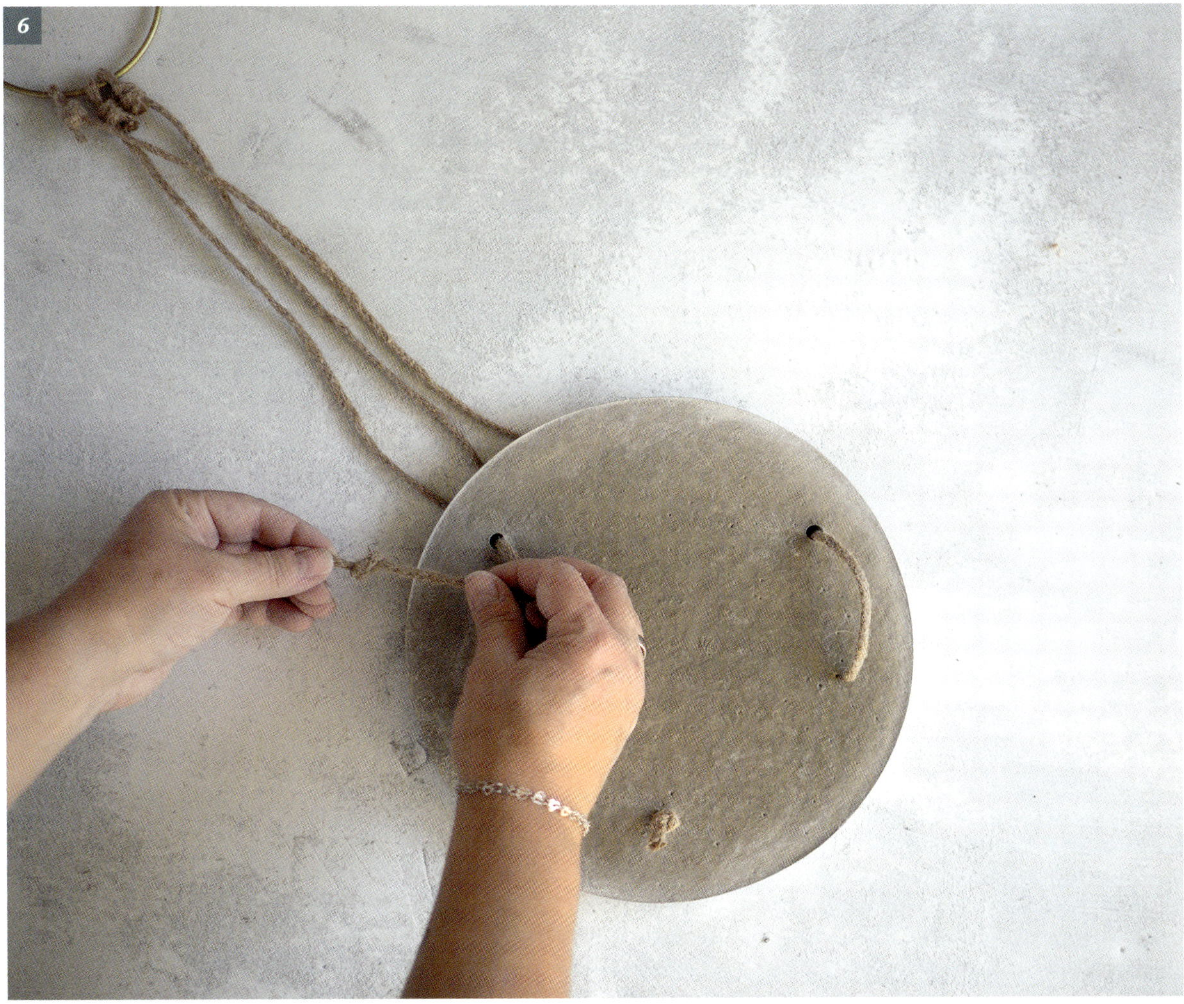

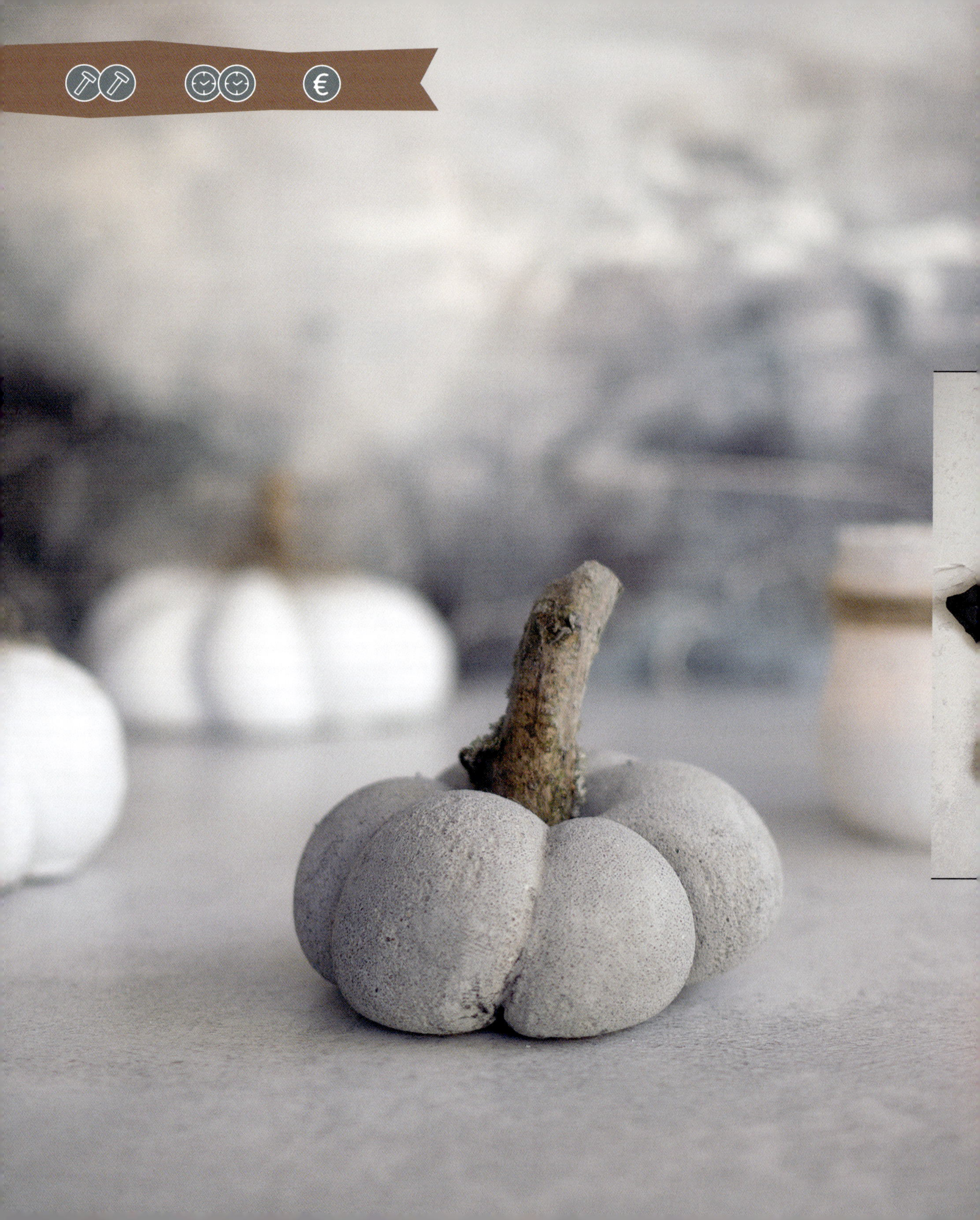

Kürbis

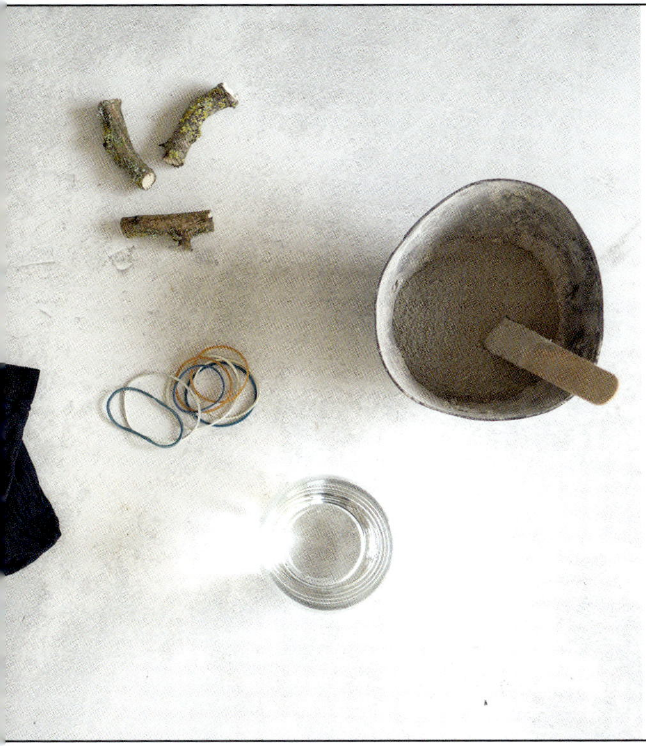

Material

- ✓ Betonpulver
- ✓ Wasser
- ✓ Aststück
- ✓ Alte Socke
- ✓ Haushaltsgummis

Werkzeug

- ✓ Schleifpapier bei Bedarf

Betonkürbisse eignen sich hervorragend zur herbstlichen Dekoration und natürlich erst recht zu Halloween. Die Größe deiner Kürbisse kannst du selbst bestimmen – von miniklein bis stattlich groß. Einzigartig sehen sie auf jeden Fall aus.

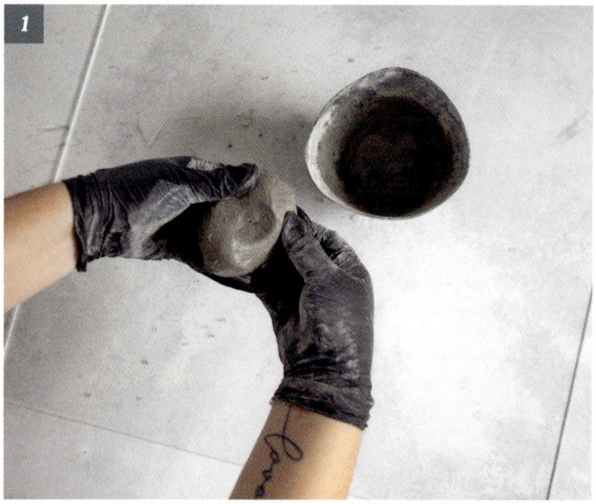

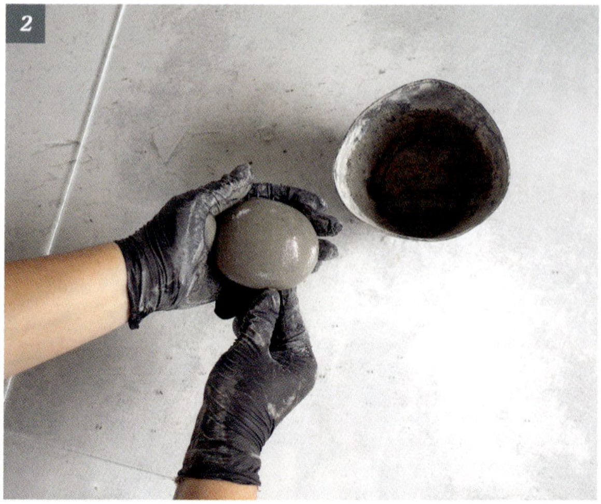

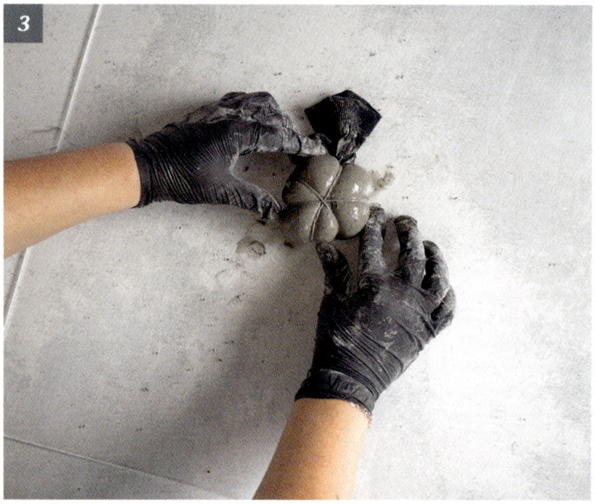

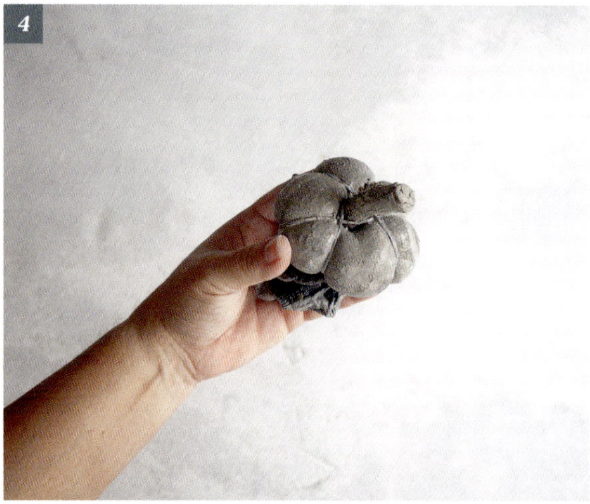

1. Rühre das Betonpulver mit Wasser im angegebenen Mischungsverhältnis an und fülle die Masse in die Socke. Mit der Menge des Betons, den du hier einfüllst, bestimmst du die Größe deines Kürbisses.

2. Forme aus dem Beton in der Socke eine Kugel – sie muss nicht kugelrund und gleichmäßig sein.

3. Die Gummis ziehst zu nun über die Masse in der Socke und bildest damit die Form eines Kürbisses nach.

4. Oben steckst du dann den Ast als Stiel deines Kürbisses in die noch feuchte Masse. Nun lässt du alles gut durchtrocknen.

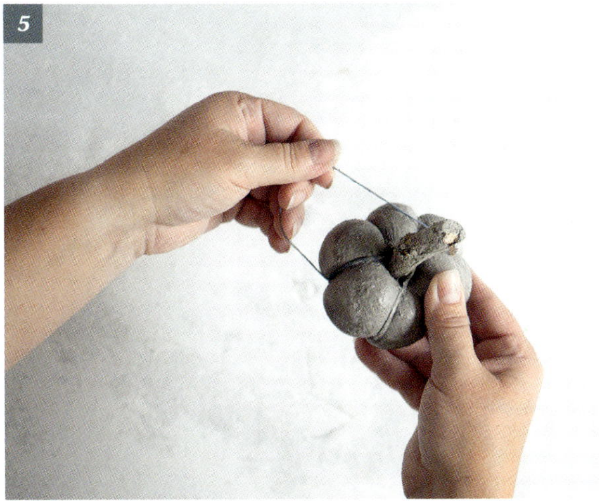

5. Danach entfernst du erst die Gummis.

6. Dann ziehst du vorsichtig die Socke ab. Reste, die zu fest mit dem Beton verbunden sind, kannst du mit Schleifpapier entfernen. Fertig! Tipp: Deinen Betonkürbis kannst du gerne auch bemalen – Weiß für den Shabby-Look oder klassisch in Orange.

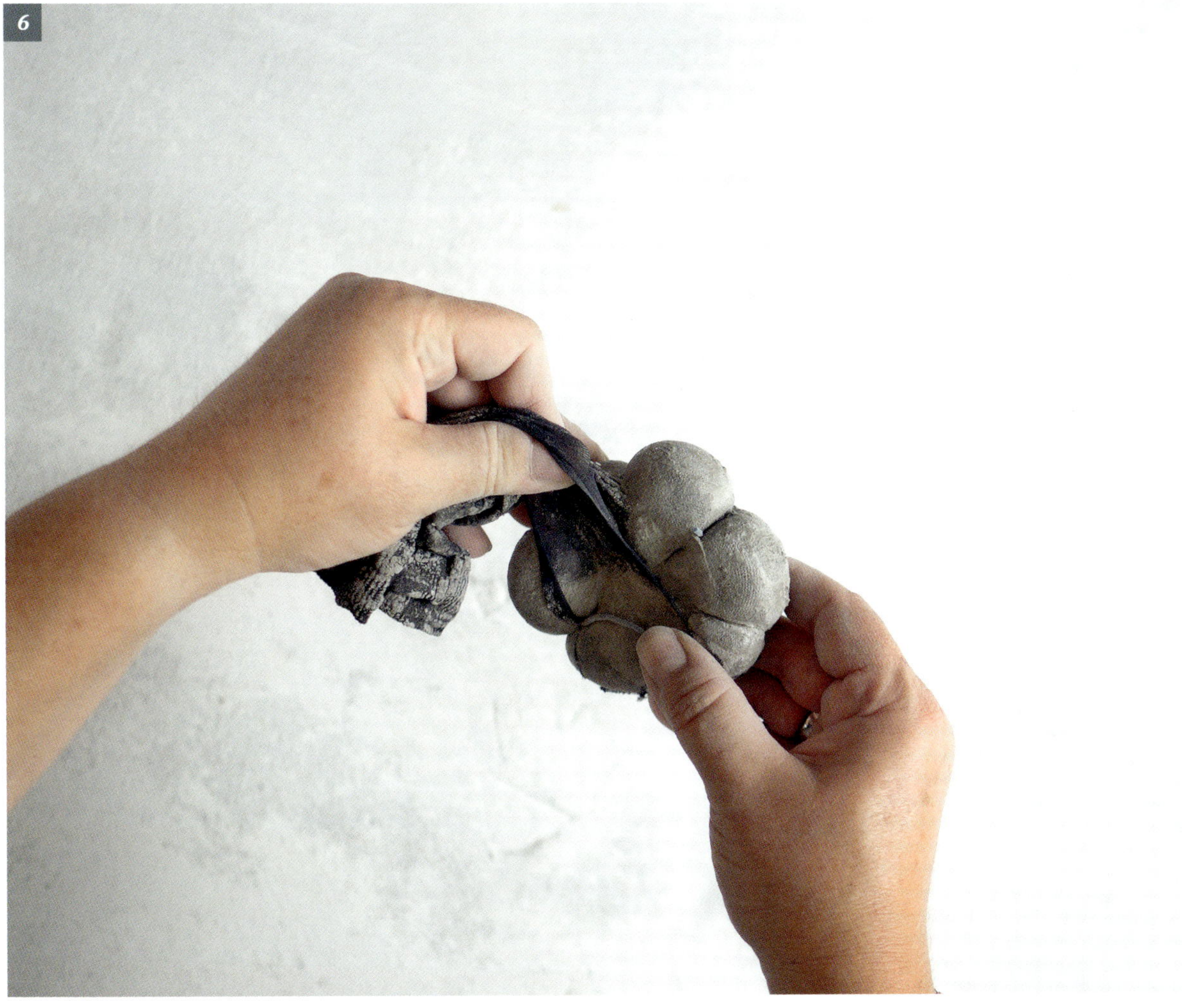

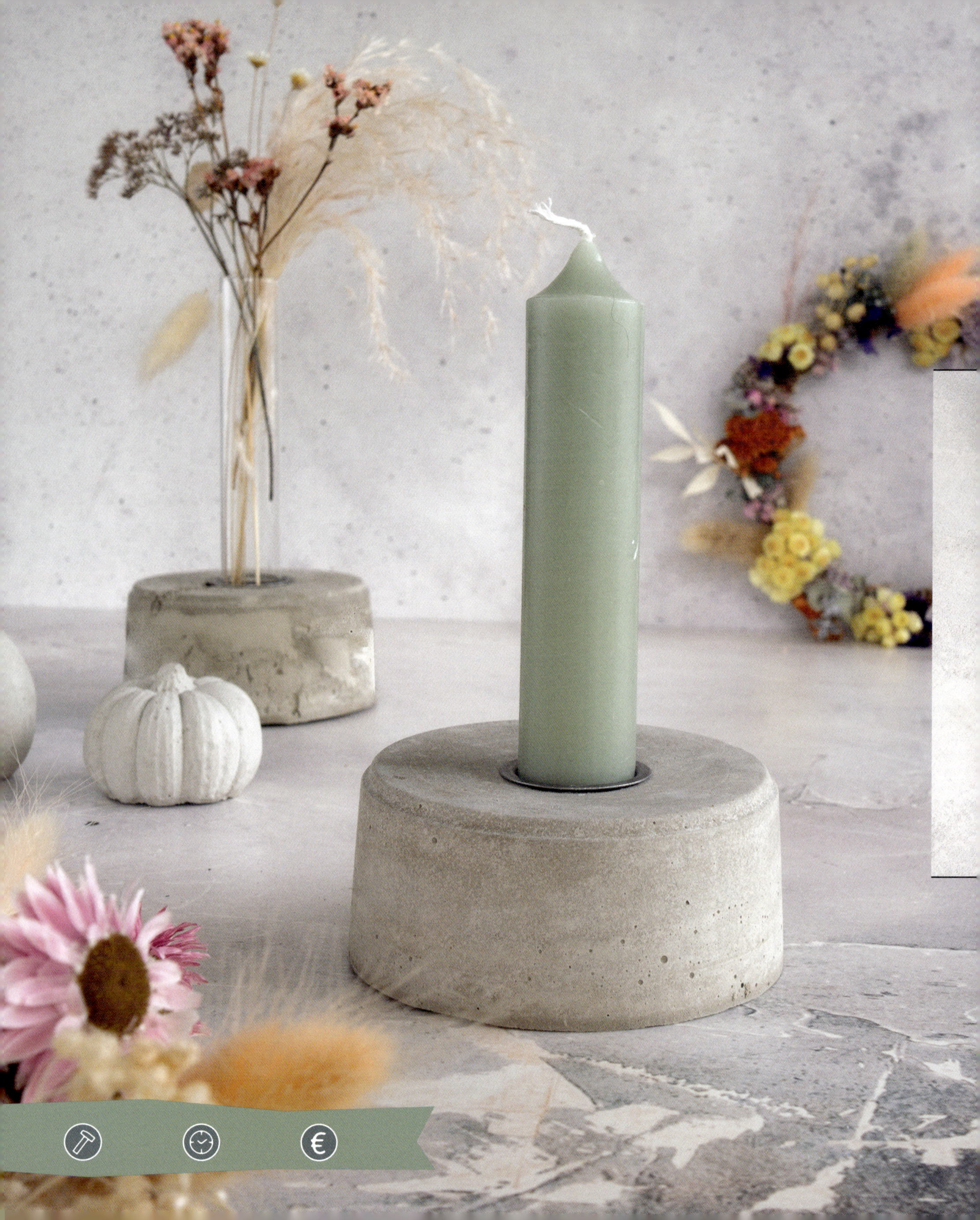

Kerzenständer oder Blumenvase

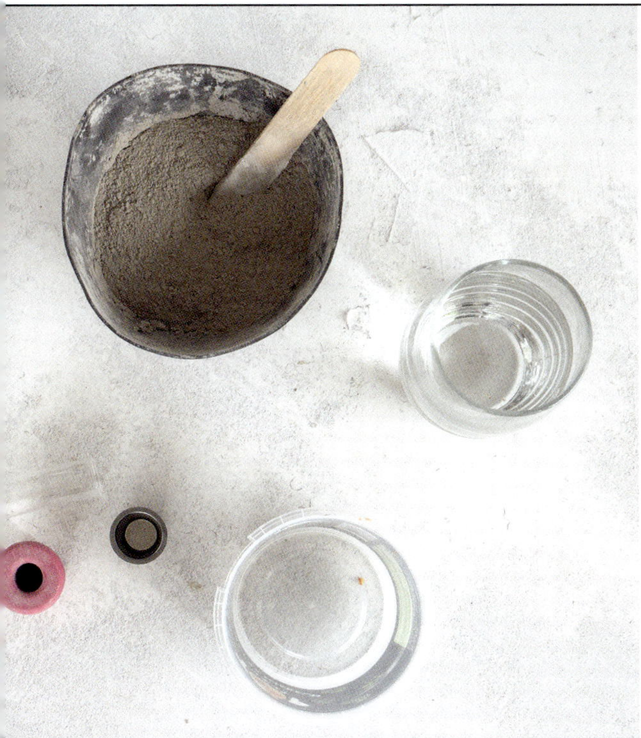

Material

- ✓ Betonpulver
- ✓ Wasser
- ✓ Plastikbecher
- ✓ Kerzentülle
- ✓ Kerze bei Bedarf
- ✓ Reagenzglas und frische/getrocknete Blumen bei Bedarf

Werkzeug

- ✓ Cupcake-Stöpsel

Kerzenständer und Blumenvasen kann man einfach nicht genug haben. Bei diesem Projekt kannst du sogar wählen, was von beidem du daraus machst. Entweder stellst du eine Kerze in die Tülle, dann ist es ein Kerzenständer, oder ein Reagenzglas mit hübschen Blümchen, so wird daraus eine Vase.

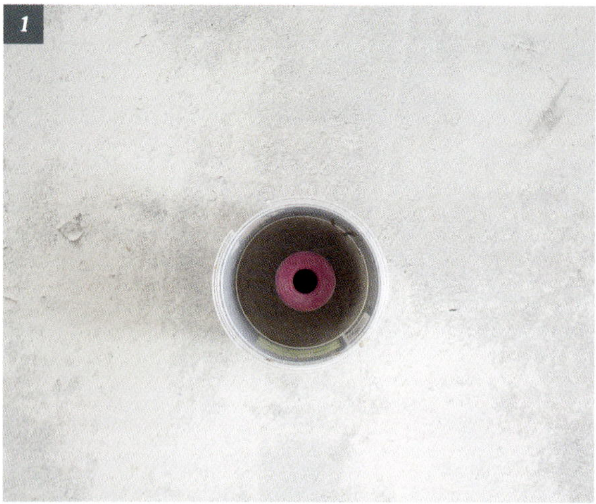

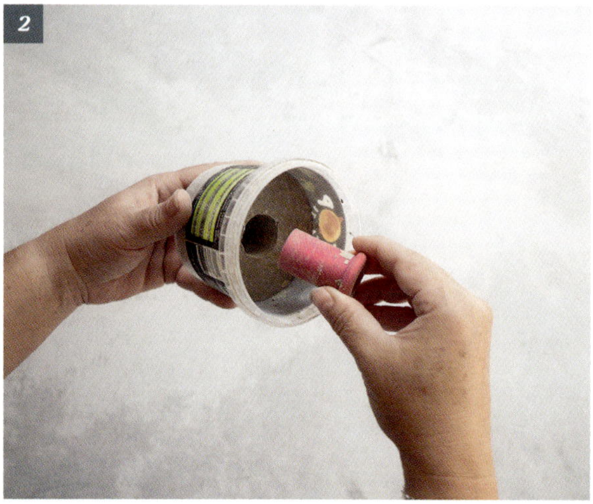

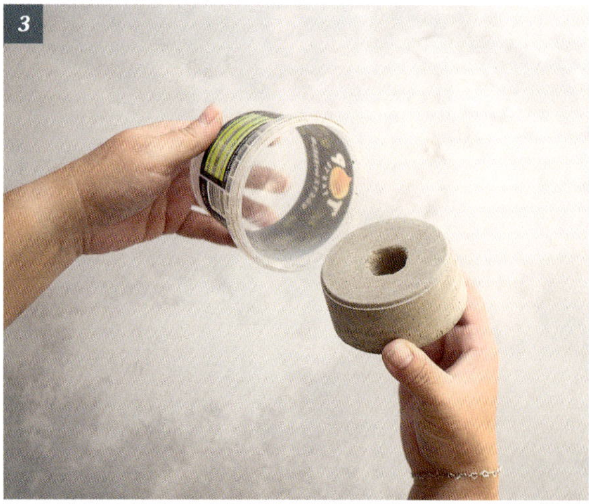

1. Stelle den Cupcake-Stöpsel an der Stelle in den Plastikbecher, an der später deine Kerzentülle sein soll. Dann rührst du das Gießpulver mit Wasser im angegebenen Mischungsverhältnis an und füllst die Masse in die Form.

   Hinweis: Cupcake-Stöpsel eignen sich sehr gut, da sie weich sind und sich leicht aus der getrockneten Masse entfernen lassen. Außerdem sind sie wiederverwendbar und nützlich für jedes Projekt, bei dem du eine Kerzentülle einsetzen willst. Du kannst aber natürlich auch jede andere Form benutzen, die den Durchmesser deiner Kerzentülle hat.

2. Lasse alles gut durchtrocknen. Danach entfernst du den Cupcake-Stöpsel.

3. Löse deinen Betonsockel nun aus der Form.

4. Jetzt fehlt nur noch die Kerzentülle, die du in das ausgesparte Loch steckst. Und darin dann die Kerze, falls du das Objekt als Kerzenständer verwenden möchtest.

5. Wahlweise kannst du auch ein Reagenzglas als Blumenvase in die Kerzentülle stellen und darin Blumen dekorieren.

4

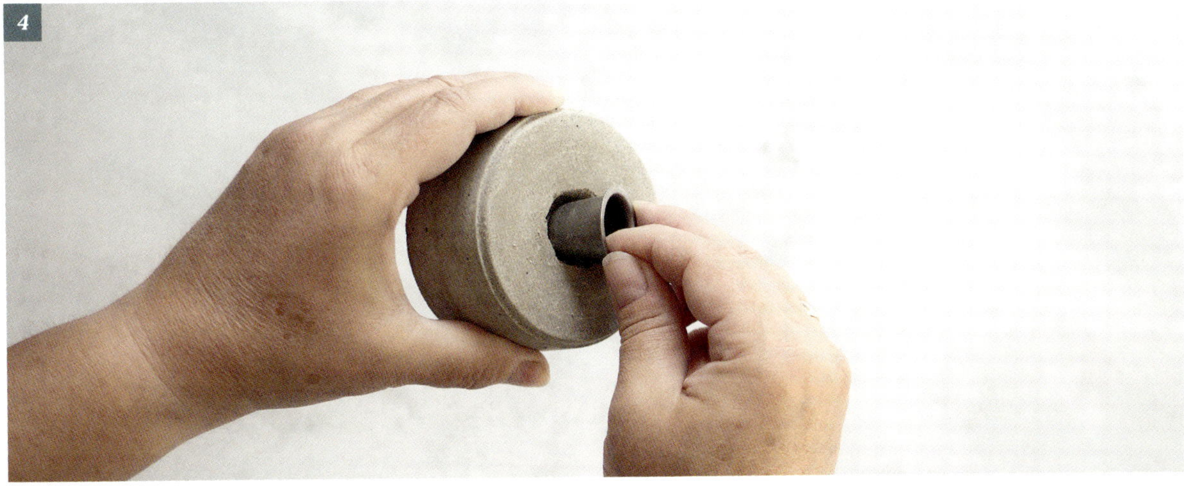

5

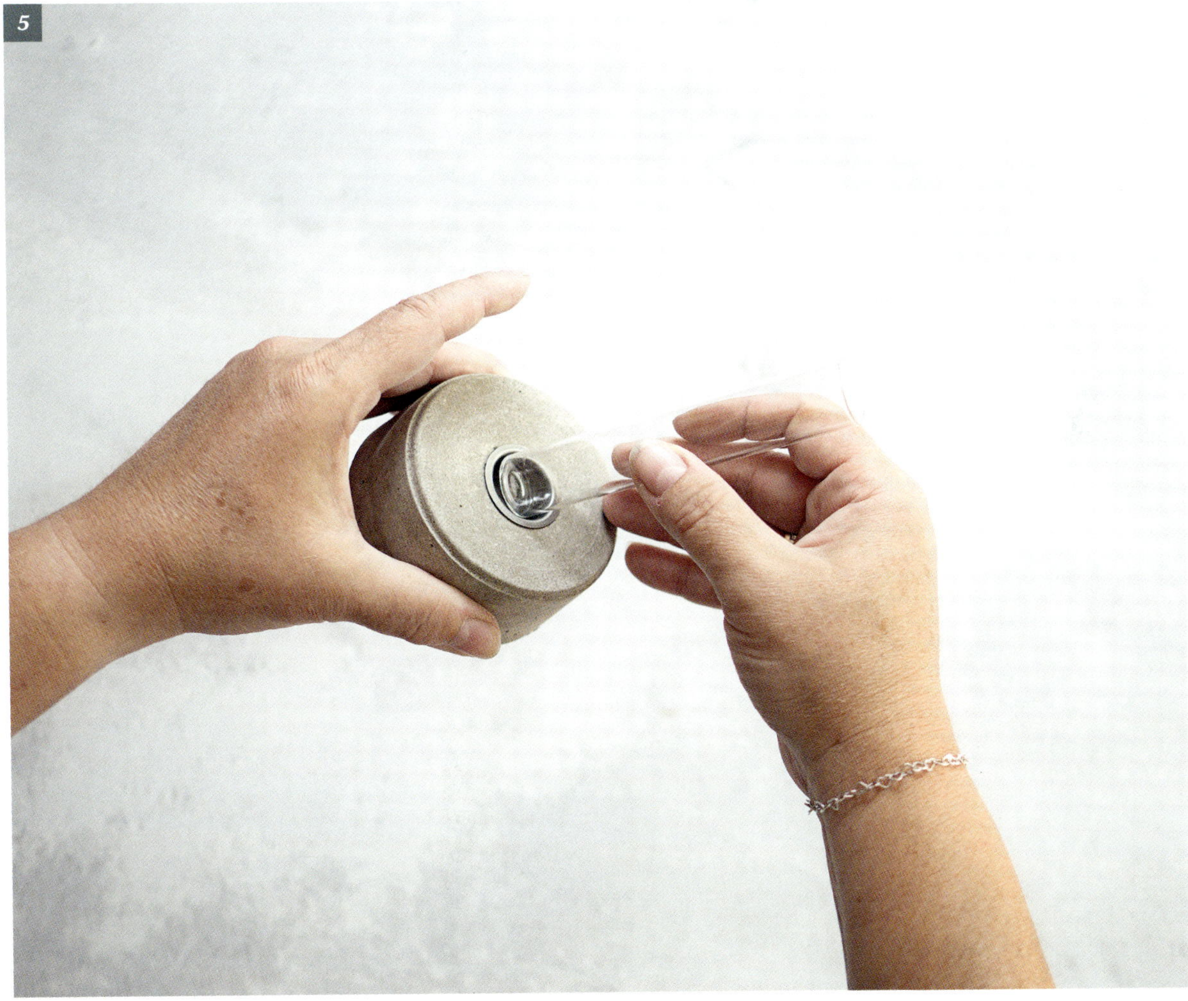

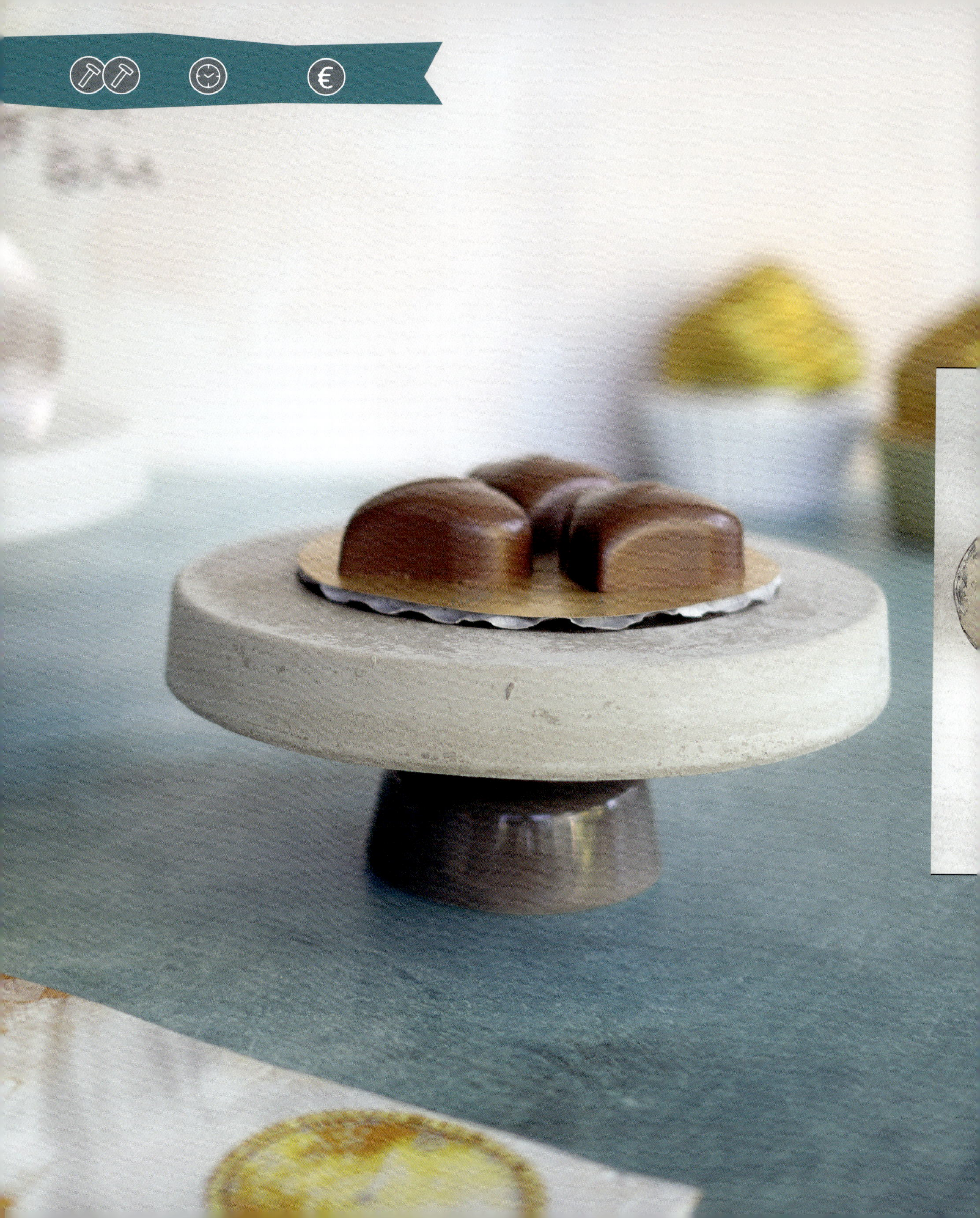

Etagere

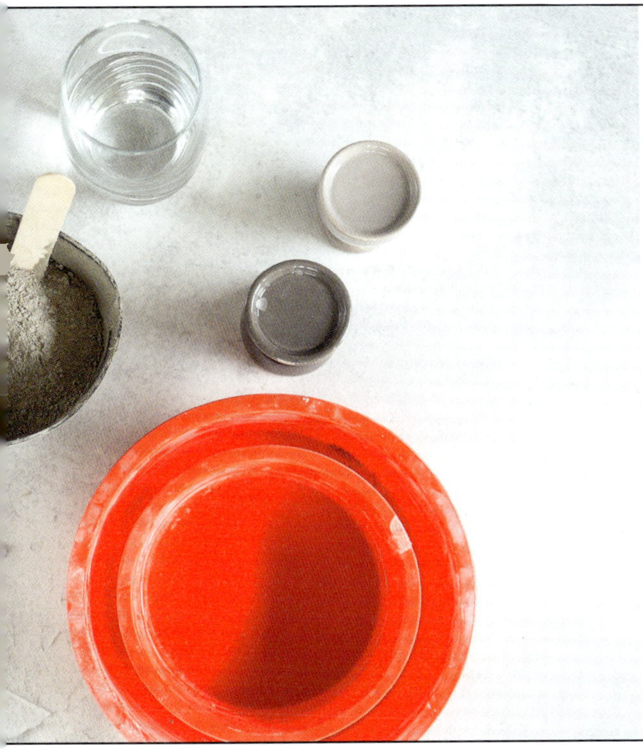

Material
- ✓ Betonpulver
- ✓ Wasser
- ✓ Eierbecher, Teelichthalter, kleiner Blumenübertopf o. Ä.

Werkzeug
- ✓ Silikon-Backform Kreis
- ✓ Schleifpapier (120er-Körnung)

Kleine Pralinen und andere Köstlichkeiten haben meist ein kurzes Leben – kaum auf dem Tisch, sind sie schon verspeist. Trotzdem: Für diesen kurzen Moment haben sie es verdient, perfekt in Szene gesetzt zu sein, z. B. auf diesen hübschen Etageren.

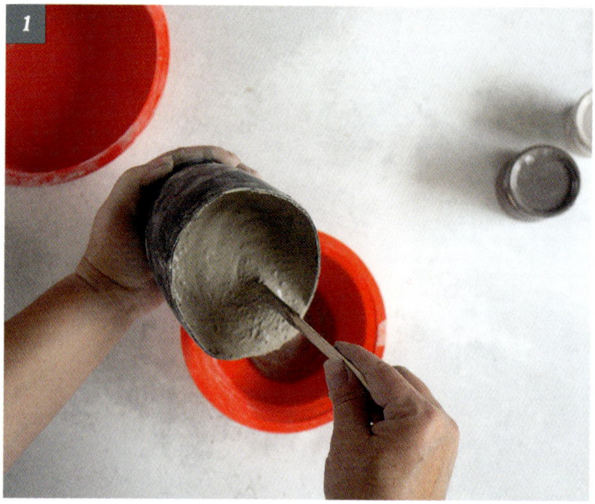

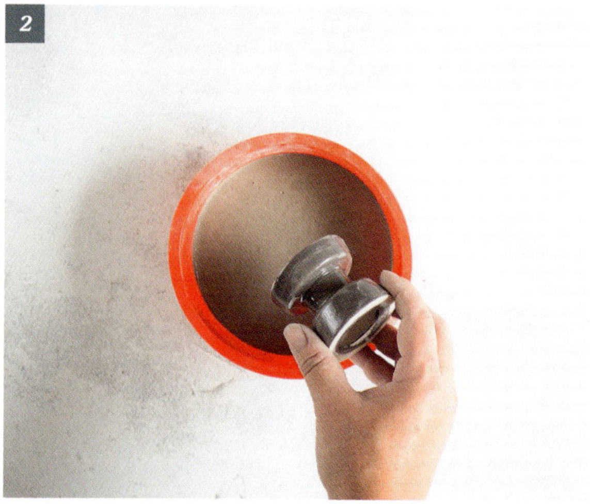

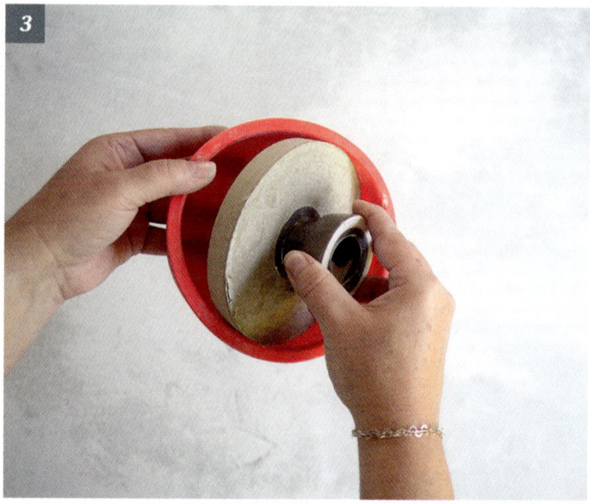

1. Rühre das Betonpulver mit Wasser im angegebenen Mischungsverhältnis an und fülle die Masse in die Silikonform. Fülle ausreichend Beton ein, damit der Fuß später noch versenkt werden kann.

2. Deinen Eierbecher, Teelichthalter oder Blumentopf setzt du mittig in die noch frische Betonmasse. Achte darauf, dass der Fuß gerade ausgerichtet ist, damit deine Etagere zum Schluss auch gerade steht. Drücke den Fuß nicht bis zur Silikonform durch, damit er sich nachher auf der Platte nicht abzeichnet.

3. Lasse den Beton durchtrocknen. Danach löst du die Silikonform vorsichtig ab.

4. Die Unterkante schleifst du bei Bedarf mit Schleifpapier glatt. Jetzt fehlt nur noch eine kleine Serviette oder eine Tortenspitze auf der Etagere und deine Köstlichkeiten bekommen den ihnen zustehenden besonderen Platz.

Hinweis: Beton ist nicht für Lebensmittel geeignet. Stelle daher keine direkt auf die Betonplatte.

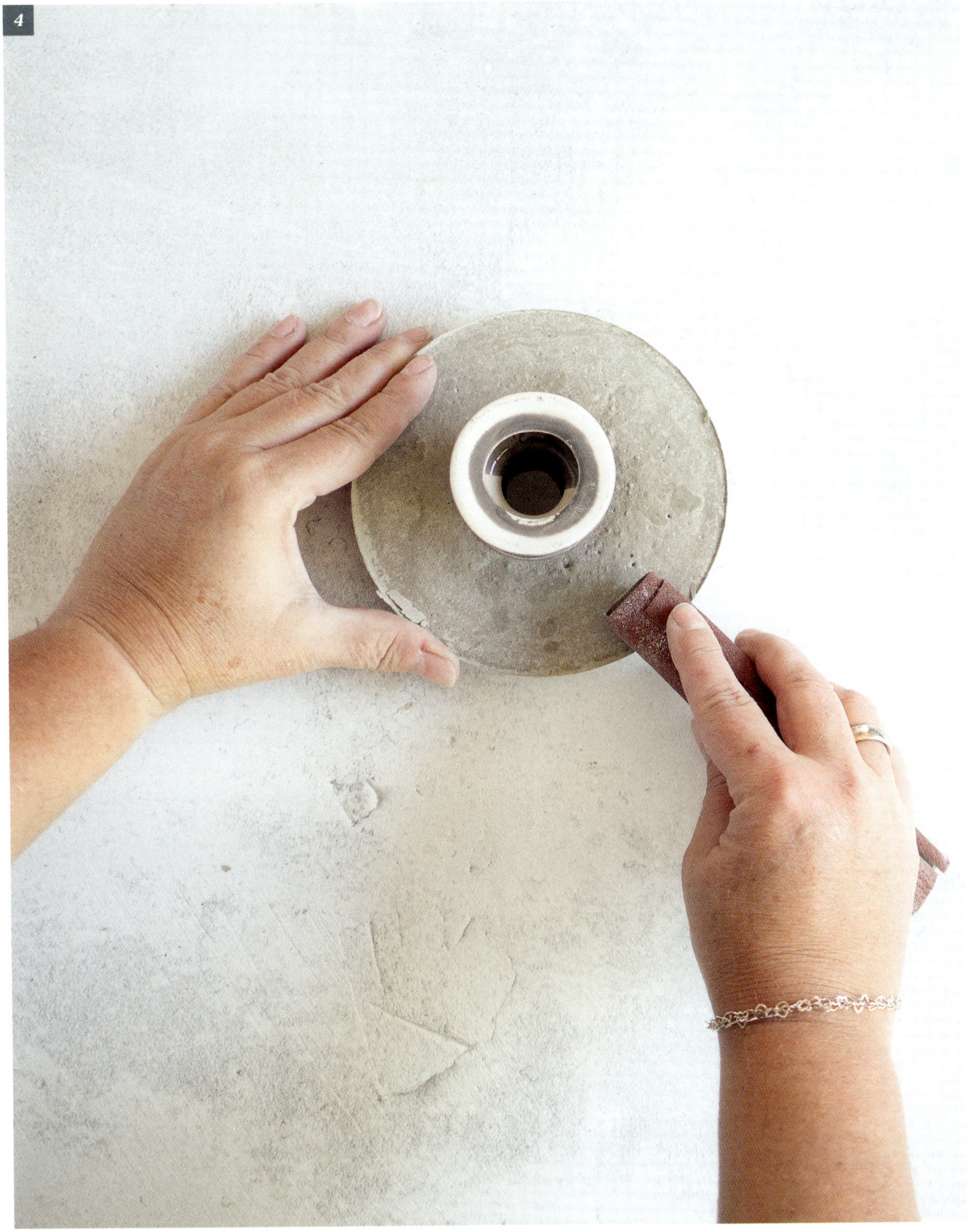

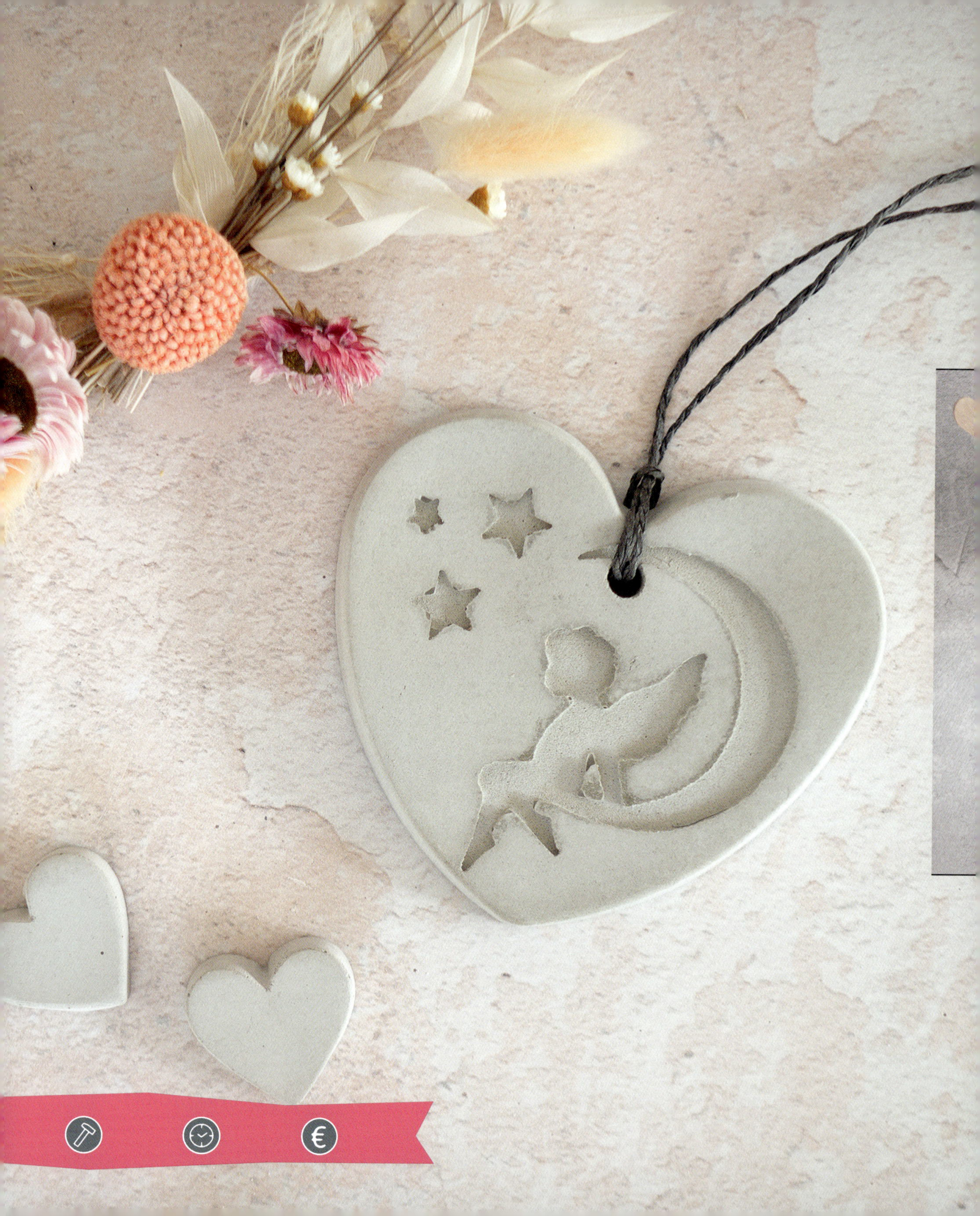

Deko-Hänger mit Relief

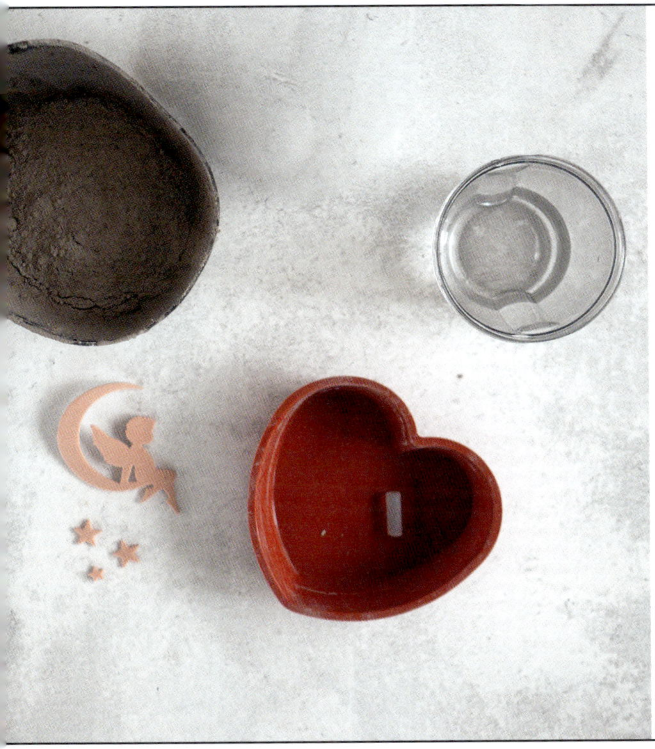

Material

- ✓ Betonpulver
- ✓ Wasser
- ✓ Silikonstick (Nachfüllstick für Klebepistolen)
- ✓ Motive aus selbstklebendem Moosgummi

Werkzeug

- ✓ Silikon-Backform Herz
- ✓ Schere oder Stanzmaschine oder Motivstanzer

Am Fenster, am Weihnachtsbaum oder in deinem Türkranz – individuelle Deko-Hänger sehen überall toll aus. Mit dem Relief aus verschiedenen Motiven kannst du ihnen eine ganz individuelle und besondere Note geben. Ob lieblich mit Engeln, romantisch mit Blümchen oder cool mit geometrischen Mustern und Linien – deiner Kreativität sind mal wieder keine Grenzen gesetzt.

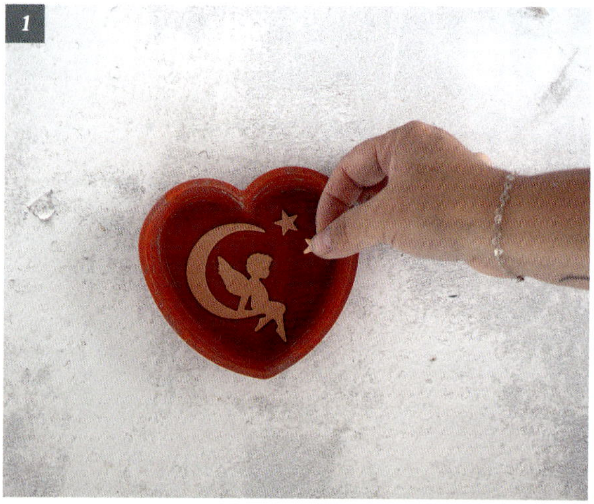

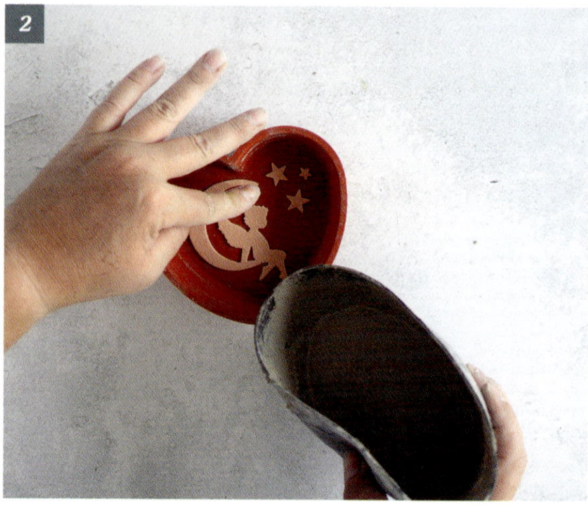

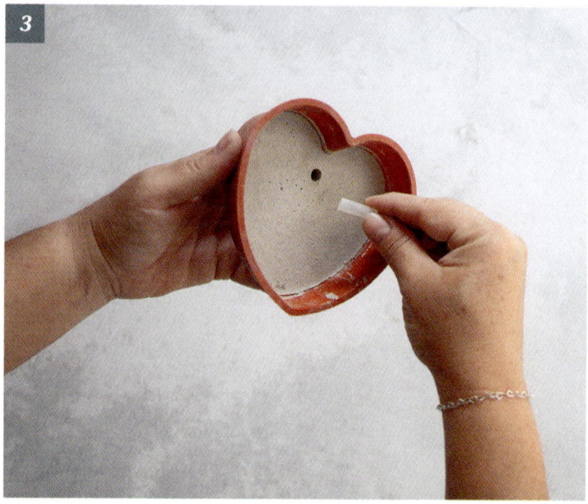

1. In deine Herz-Silikonform klebst du deine Moosgummi-Motive ein. Du kannst die Motive selbst ausschneiden oder mit einer Stanzmaschine oder Motivstanzern herstellen.

2. Rühre das Betonpulver mit Wasser im angegebenen Mischungsverhältnis an und fülle die Masse in die Herzform. Mit dem Silikonstick sparst du dabei ein Loch aus, durch das später deine Aufhängung gefädelt wird. Lasse den Beton durchtrocknen.

3. Danach entfernst du den Silikonstick vorsichtig und löst den Beton aus der Form.

4. Die Motive aus Moosgummi sind nun im Beton eingegossen. Löse sie behutsam aus dem Beton heraus und vor deinen Augen entsteht ein kunstvolles Relief der einzelnen Formen. Jetzt musst du nur noch eine Aufhängung durch das Loch fädeln – und einen großartigen Platz für deinen einzigartigen Deko-Hänger finden!

4

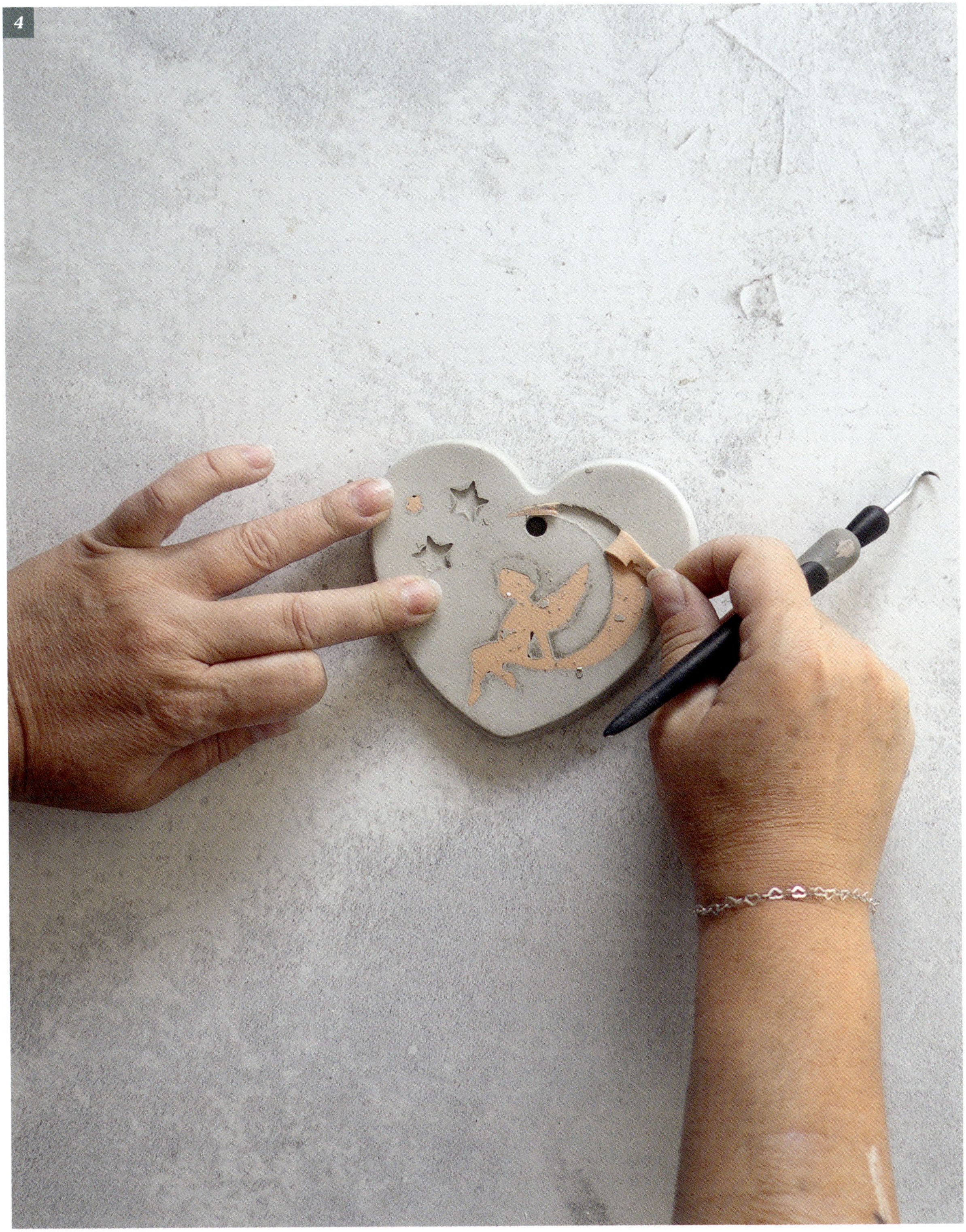

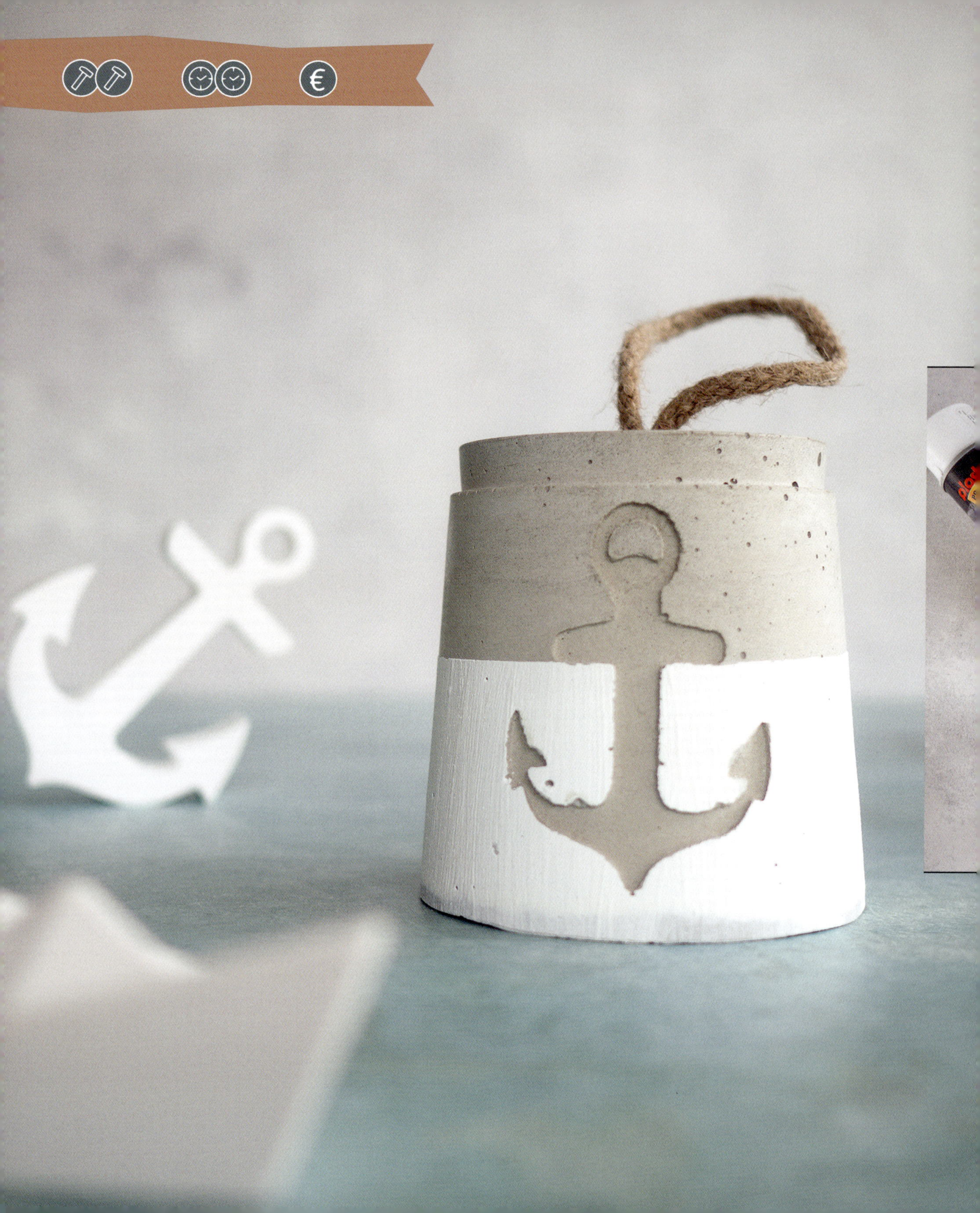

Briefbeschwerer

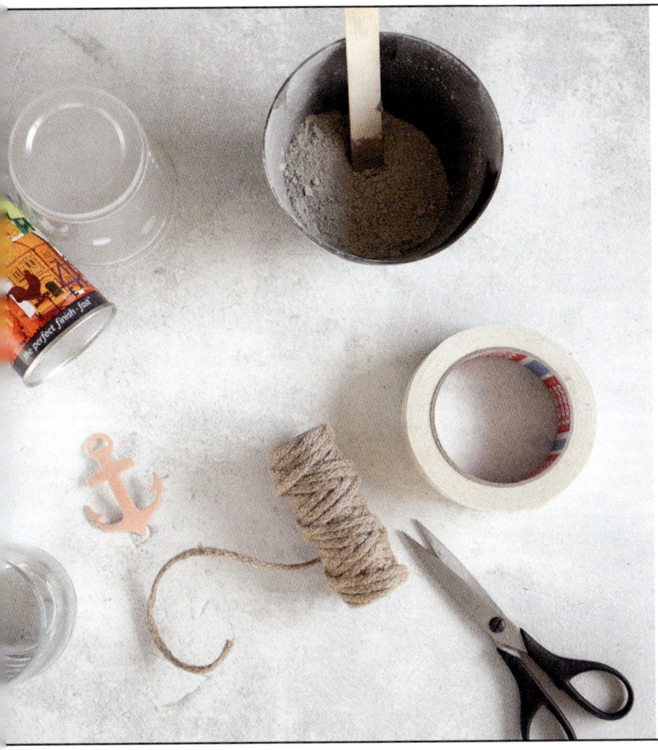

Material
- ✓ Betonpulver
- ✓ Wasser
- ✓ Plastikbecher
- ✓ Juteschnur
- ✓ Motiv aus selbstklebendem Moosgummi (hier ein Anker)
- ✓ Farbe (hier Sprühfarbe in Weiß)

Werkzeug
- ✓ Schere
- ✓ Malerkrepp

Beton. Das klingt schon schwer. Warum sollte man sich diese Eigenschaft nicht zunutze machen? Vielleicht mit diesem hübschen Briefbeschwerer aus dem Werkstoff auf deinem Schreibtisch?

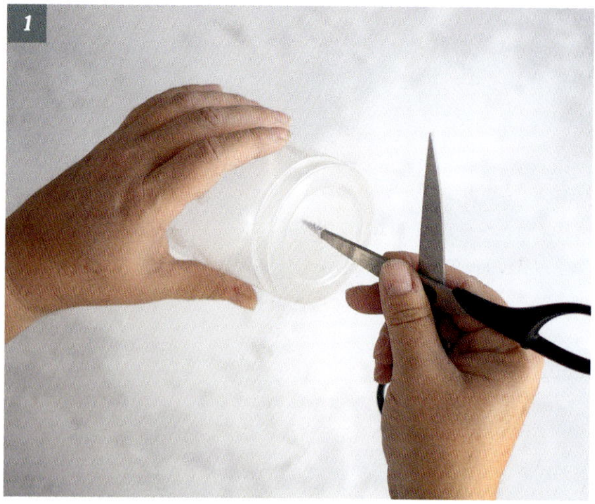

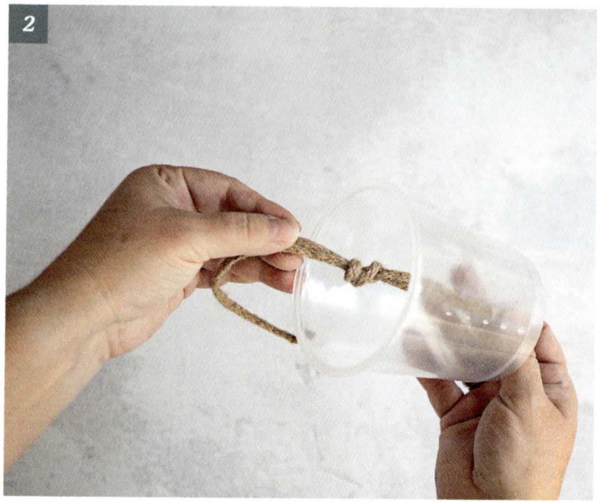

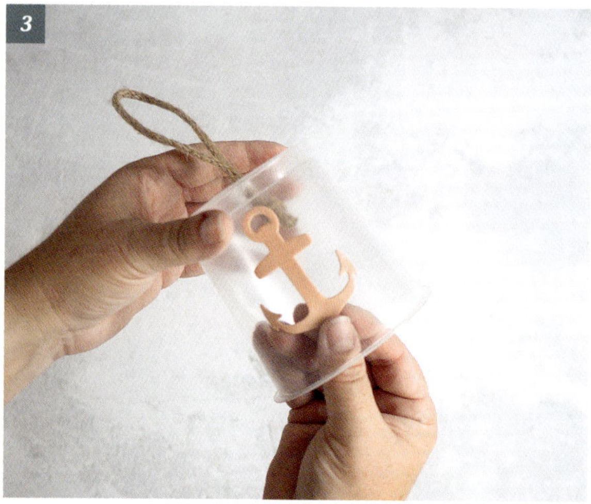

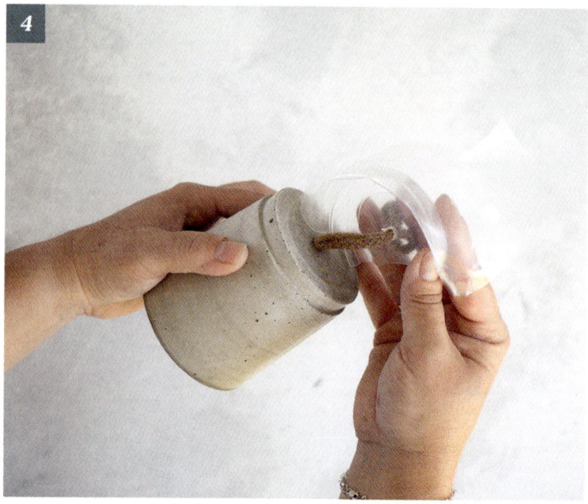

1. Bohre in den Plastikbecher von unten ein Loch.

2. Führe die Juteschnur doppelt durch das Loch und verknote sie im Inneren des Bechers.

3. Das Moosgummi-Motiv klebst du von innen in den Becher, am besten so, dass nach oben und nach unten ausreichend Platz ist. Du kannst das Motiv selbst ausschneiden oder mit einer Stanzmaschine oder Motivstanzern herstellen. Das Betonpulver mischst du dann mit Wasser im angegebenen Mischungsverhältnis und füllst die Masse in den Becher. Lasse alles gut durchtrocknen.

4. Danach entfernst du vorsichtig den Plastikbecher. Schneide ihn dafür am besten an der Seite ein.

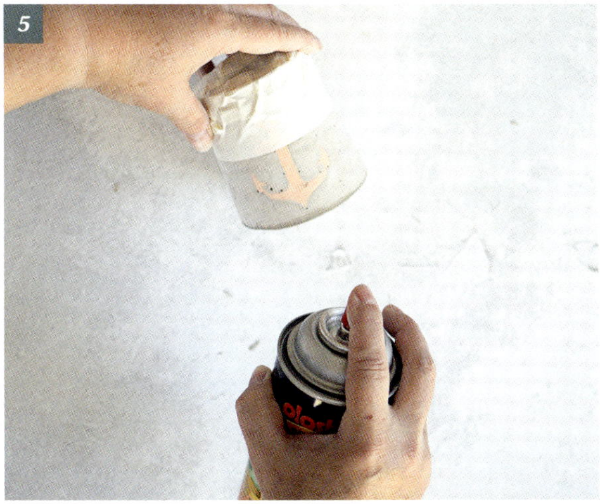

5. Klebe mit dem Malerkrepp einen Sockel ab und besprühe ihn mit der weißen Farbe.

6. Löse das Malerkrepp vorsichtig ab. Zuletzt entfernst du den Moosgummi ebenso vorsichtig. Der Anker wird als versenktes Relief sichtbar. Mit diesem geschmackvollen Briefbeschwerer trotzen deine Notizen und Briefe nun jeder steifen Brise in deinem Büro.

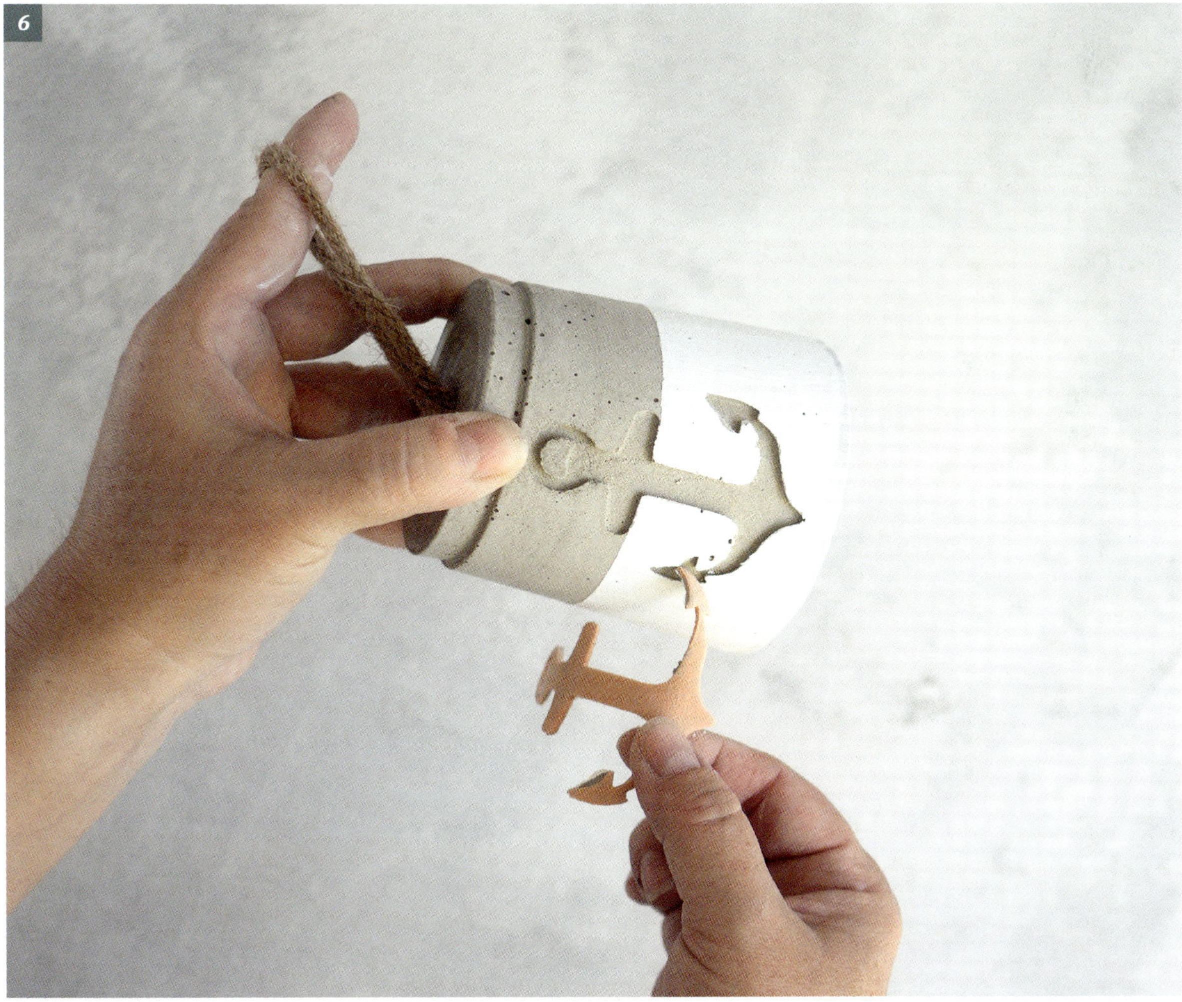

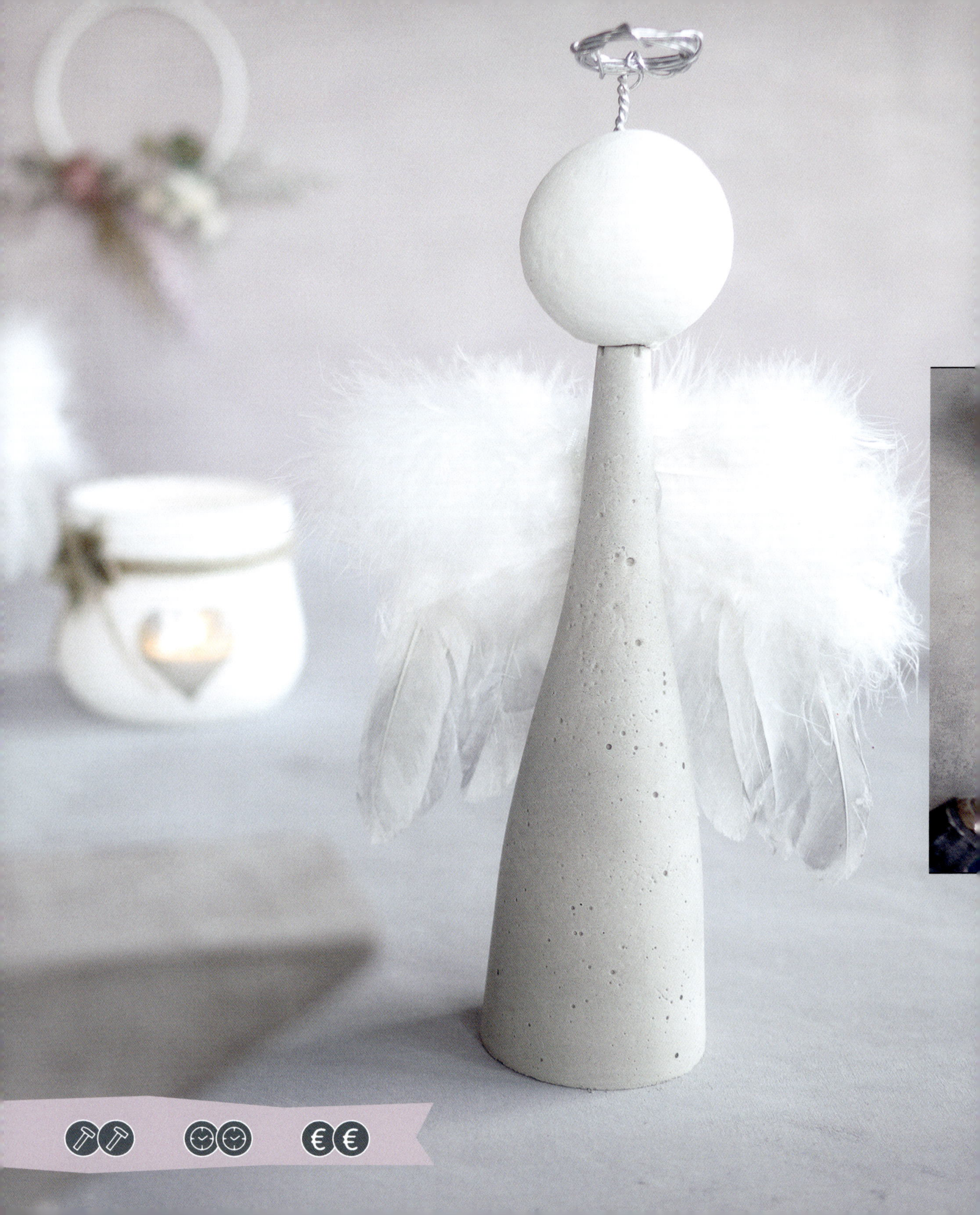

Engel

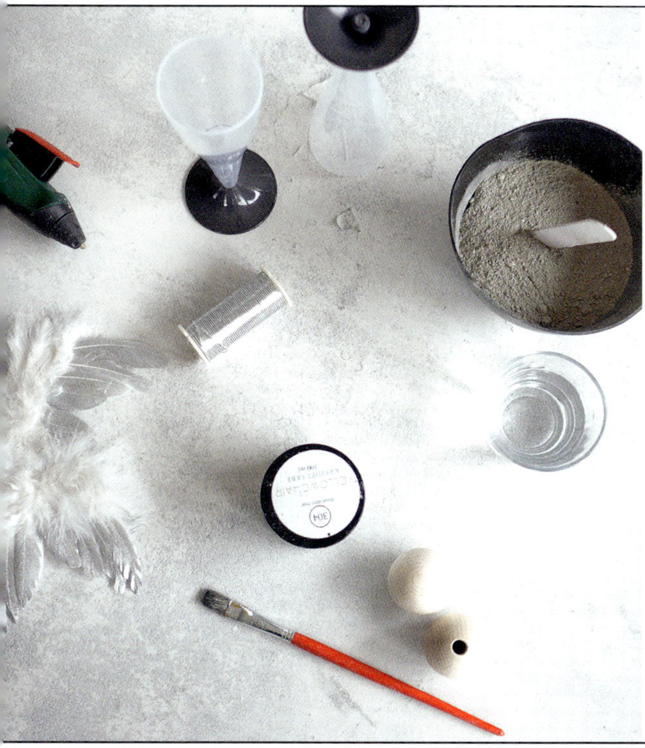

Material

- ✓ Betonpulver
- ✓ Wasser
- ✓ Speiseöl
- ✓ Holzkugel halbgebohrt (Durchmesser 4 cm)
- ✓ Draht
- ✓ Engelsflügel aus Federn
- ✓ Farbe (z. B. Kreidefarbe in Weiß)

Werkzeug

- ✓ Einmal-Sektglas
- ✓ Akkuschrauber mit Bohrer
- ✓ Heißkleber
- ✓ Kleines Plastikrohr oder Holzstab
- ✓ Pinsel

Sie gehören zum Weihnachtsfest wie der Weihnachtsbaum: Engel in allen Varianten. Diese kleinen Himmelsboten aus Beton mit Federflügeln wirken besonders edel und kombinieren die gegensätzlichen Materialien gekonnt.

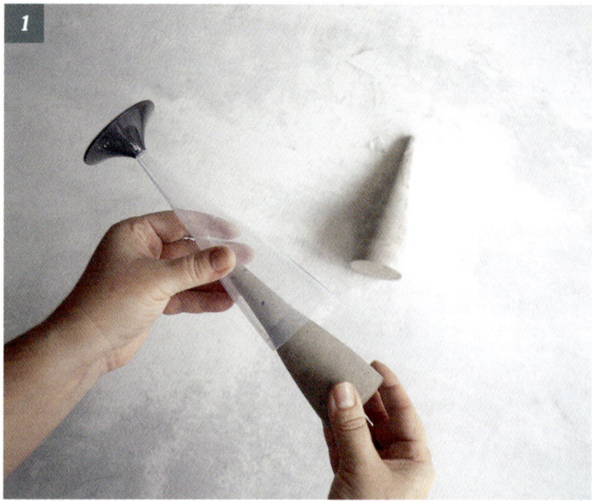

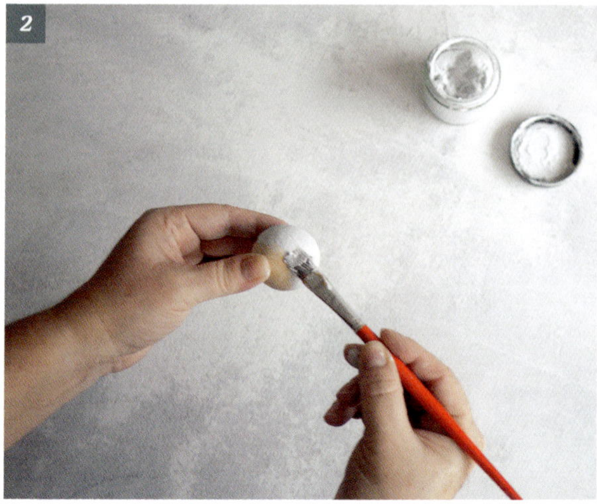

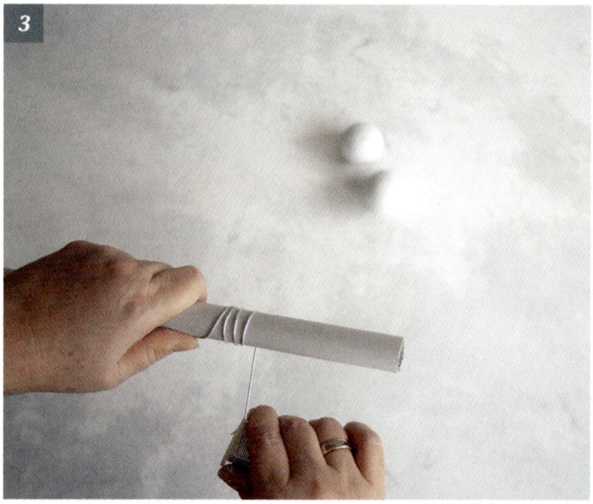

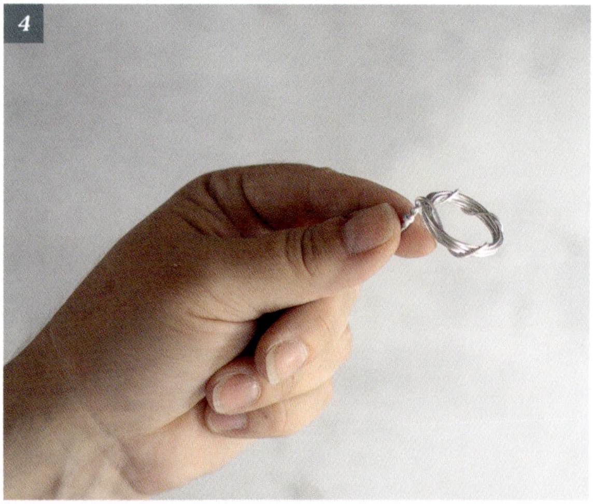

1. Das Einmal-Sektglas streichst du innen mit etwas Speiseöl ein, so lässt sich die Form später besser vom Beton lösen. Rühre das Betonpulver mit Wasser im angegebenen Mischungsverhältnis an und fülle die Masse in das Einmal-Sektglas. Lasse alles gut durchtrocknen – am besten über Nacht. Danach löst du den Beton vorsichtig aus der Form.

2. Die Holzkugel streichst du mit der weißen Farbe an.

3. Den Draht wickelst du um das Plastikrohr oder den Holzstab …

4. … und formst daraus einen Heiligenschein. Die Drahtenden drehst du zusammen und biegst sie nach unten.

5

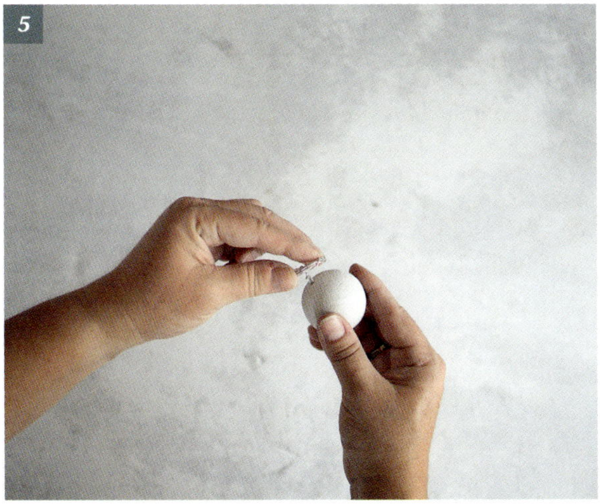

6

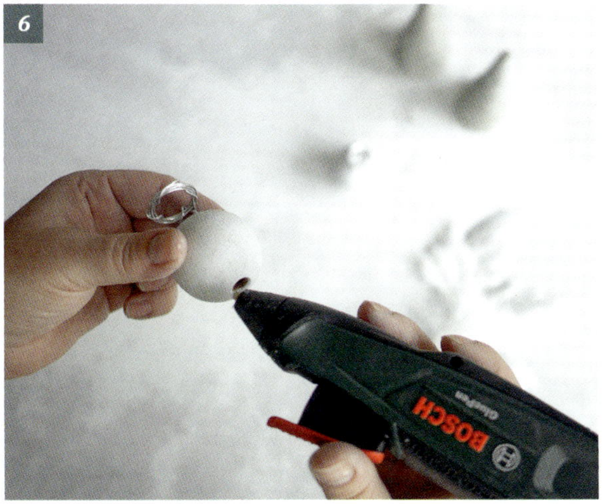

7

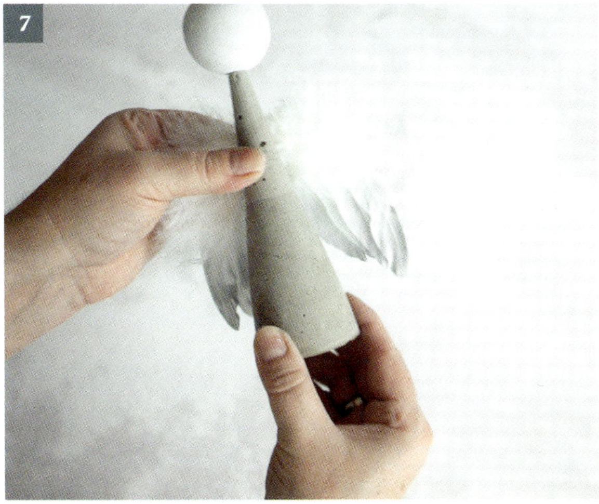

5. Bohre ein Loch in die Holzkugel und stecke die Drahtenden in das Loch.

6. Mit Heißkleber fixierst du die Kugel als Kopf des Engels an dem Betonkörper.

7. Ebenso mit Heißkleber fixierst du zuletzt die Federflügel am Rücken deines Engels. Ob allein oder als Engelschar bereiten dir die kleinen Himmelsboten sicher große Freude. Durch ihr minimalistisches Design passen sie als Ergänzung zu fast jeder Weihnachtsdeko.

Über die Autorin

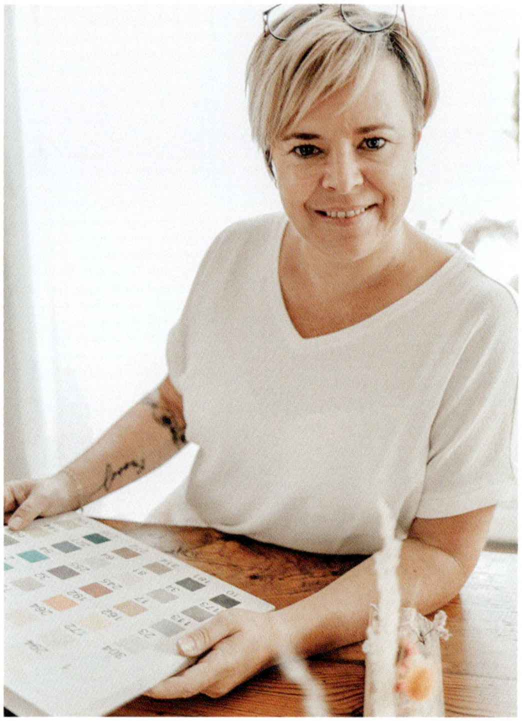

*Wenn **Katja Henning** eine interessante Plastikflasche sieht oder eine neue Silikon-Backform, sprüht sie schon vor Deko- und Bastelideen. „Deko-Liebe Beton" ist ihre zweite Veröffentlichung und beschäftigt sich mit stilvollen DIY-Ideen rund um den Werkstoff Beton.*

Mit Fantasie und Einfallsreichtum gestaltet sie Dekorationen zum Verschenken oder Selbstbehalten und zeigt in diesem Buch, wie einfach es ist, geschmackvolle Unikate herzustellen. DIY und Upcycling sind seit Langem ihre große künstlerische Leidenschaft. In ihrem „Gestaltungsraum" (www.mein-gestaltungsraum.de) und auf Social Media zeigt sie anderen Kreativen, was man so alles aus alltäglichen Dingen, aus Holz oder Beton erschaffen kann, veröffentlicht Schritt-für-Schritt-Anleitungen, verkauft ihre wunderschönen Werke und gibt ihr Talent in Workshops weiter.

Katja Henning lebt mit ihrem Mann, ihren beiden Töchtern und Familienhund Wilma in der Nähe von Karlsruhe. Auch beruflich ist sie im kreativen Bereich tätig und leitet die Kommunikationsabteilung eines internationalen Unternehmens.

Vielen Dank

Danke an meine Familie für die schöpferischen Freiräume und dass ihr mein kreatives Chaos schon wieder toleriert habt.

Danke an meine Eltern für den Ideenreichtum, den ihr mir in die Wiege gelegt habt, und dass ihr mir immer wieder zeigt, wie stolz ihr auf mich seid.

Vielen Dank Alexandra für die textliche Unterstützung bei der Umsetzung meines zweiten Kreativ-Buches. Danke an Lisa Tihanyi – ich habe bei dir so viel über Fotografie und Storytelling lernen dürfen.

Danke an alle Freunde und die Gestaltungsraum-Community, für die Begeisterung an meinen DIY-Projekten und die wertvollen Anregungen. Ihr seid die Besten. Herzlichen Dank an den Christophorus Verlag, der mit diesem Buch erneut an mich und meine Ideen glaubt.

Vielen lieben Dank, liebe Svenja Wiglinghaus und liebe Lena Denu, für das Vertrauen und die engagierte und wundervolle Unterstützung.

Kreative Deko aus Holz – liebevolle Einrichtungsideen für mein Zuhause *ist die erste Veröffentlichung von Katja Henning, die im März 2022 erschienen ist.*

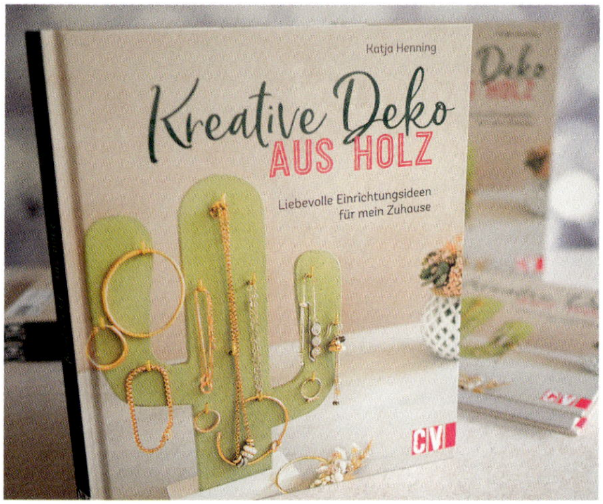

Dieses Buch vereint stilvolle, kreative und elegante Dekoideen aus Holz. Einfach nachzuarbeiten dank vieler Tipps und Bilder! In diesem Buch entstehen über 20 hochwertige Deko-Objekte aus Holz.

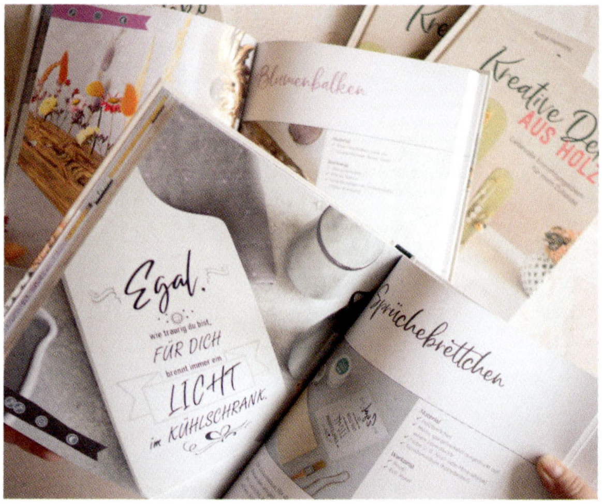

Auch in diesem Buch legt Autorin Katja Henning bei ihren Projekten großen Wert auf Kreativität, Design und eine stilvolle Fotografie. Bebilderte Schritt-für-Schritt-Anleitungen sowie Tricks und Tipps vereinfachen die Entstehung der Unikate. Mit dabei sind dekorative Schätze für das eigene Zuhause, praktische Organizer und traumhafte Geschenke für die Liebsten.

Simple Anleitungen mit Wow-Effekt!

Ebenfalls erhältlich ...

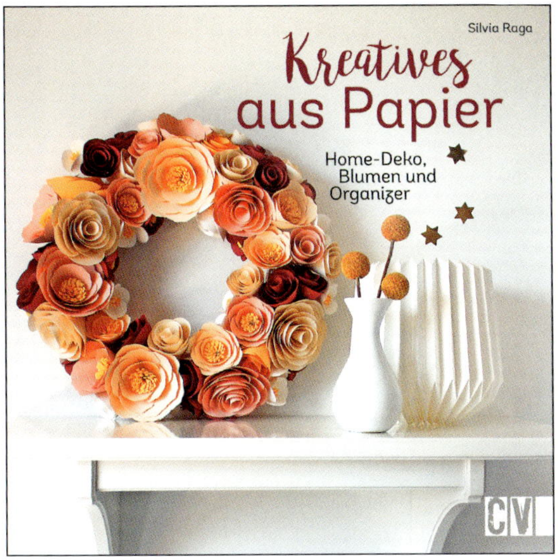

ISBN 978-3-8388-3803-8

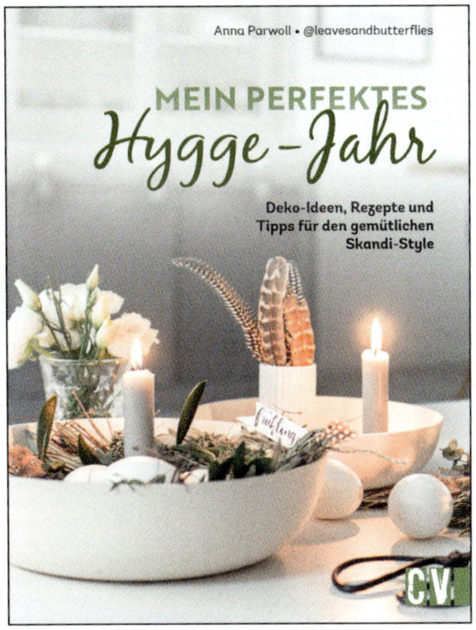

ISBN 978-3-8388-3834-2

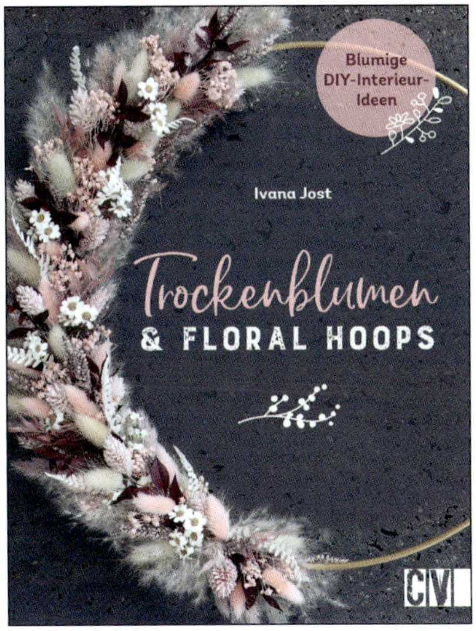

ISBN 978-3-8388-3801-4

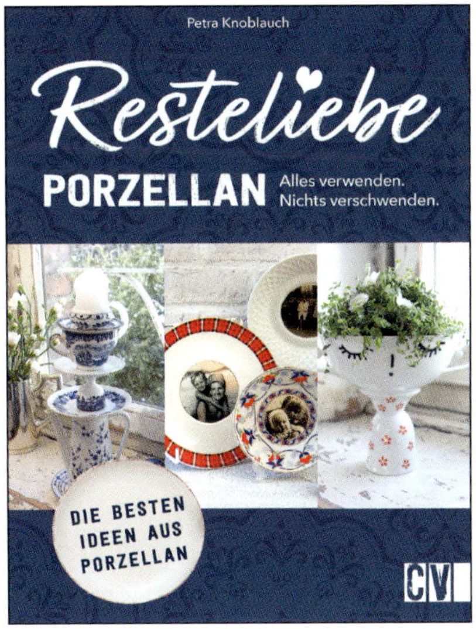

ISBN 978-3-8388-3795-6

CV

www.christophorus-verlag.de

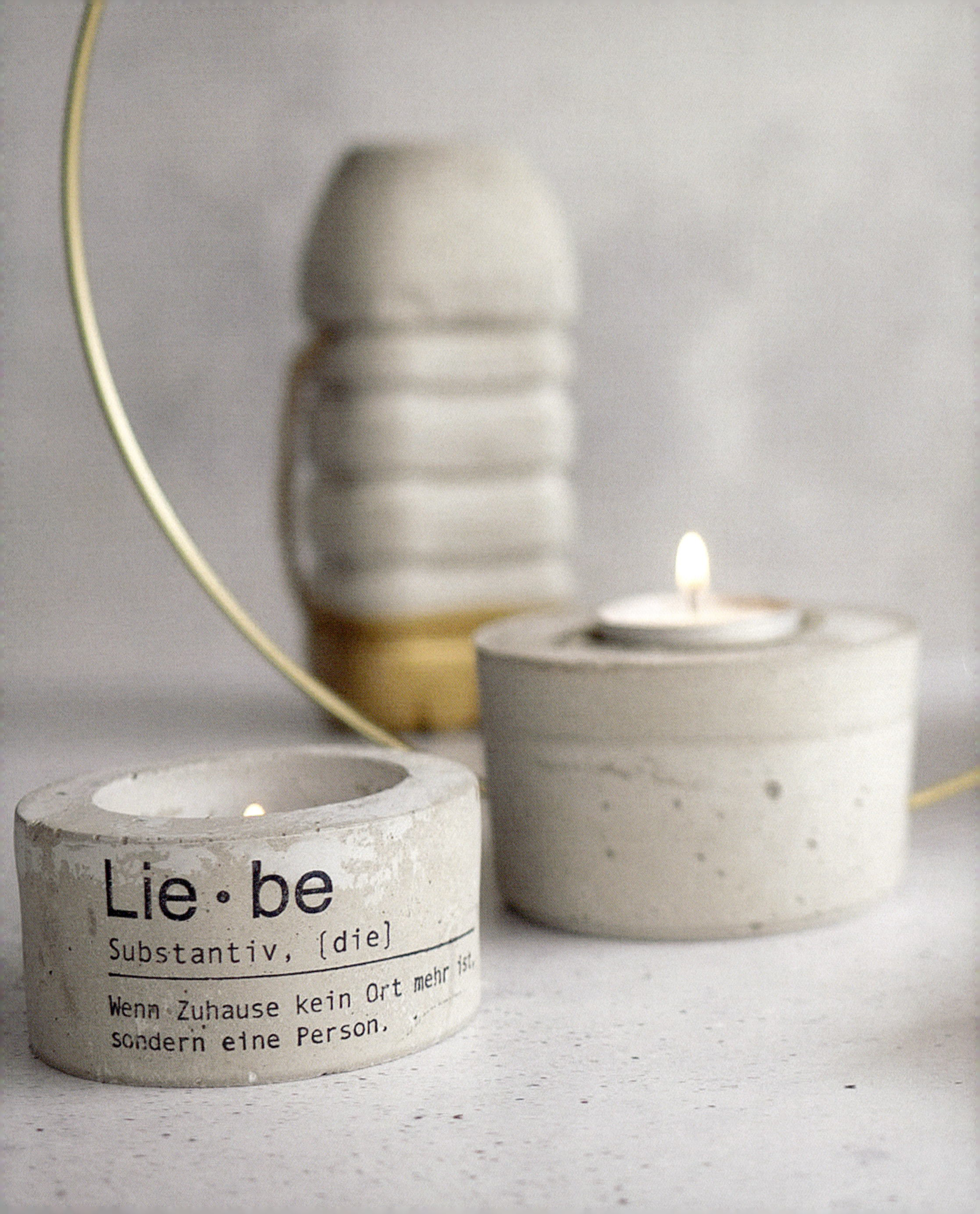
Lie·be
Substantiv, [die]
Wenn Zuhause kein Ort mehr ist,
sondern eine Person.

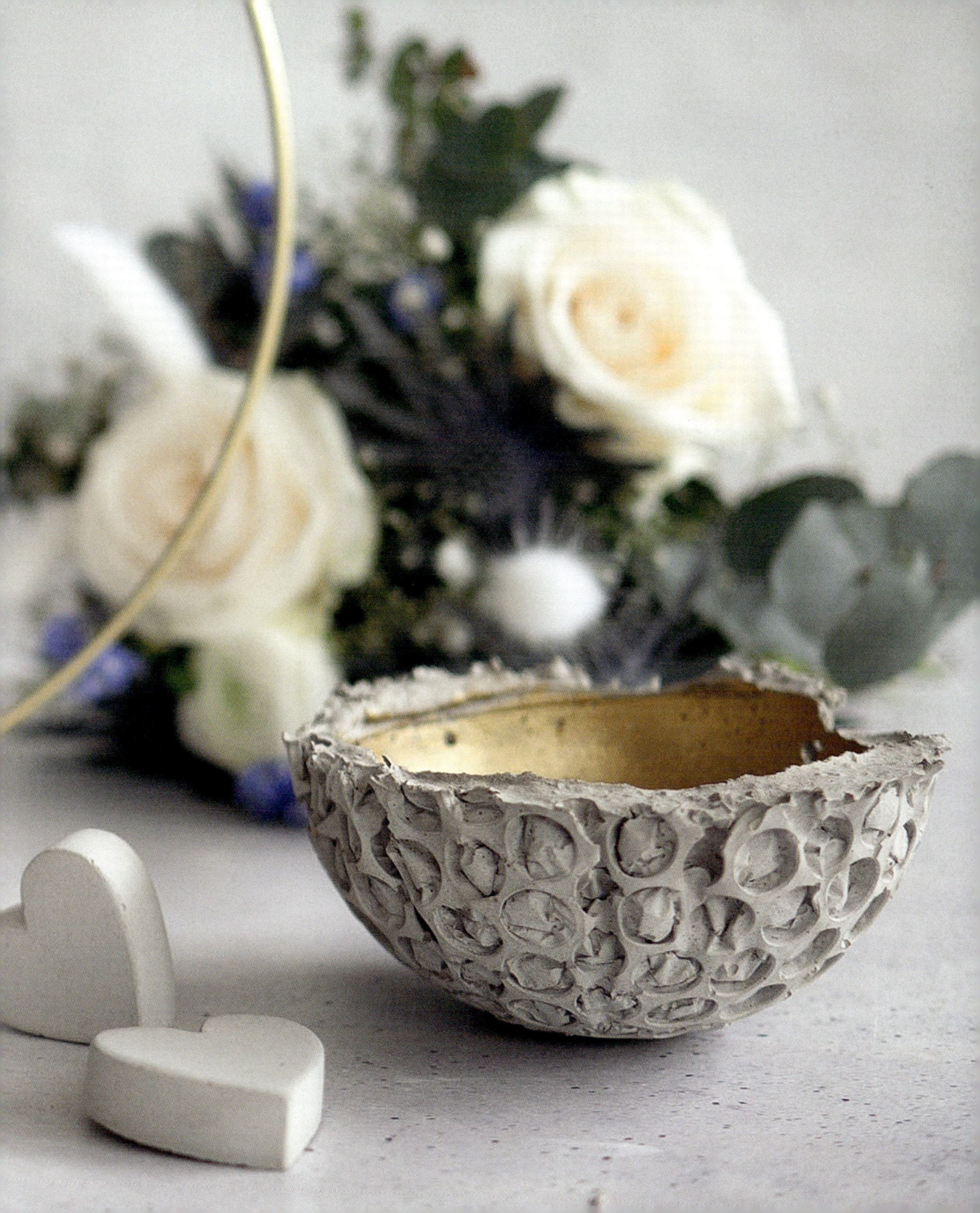

Impressum

Autorin: Katja Henning
Fotografie: Katja Henning
Autorenfoto: Elena Strohecker Photography
Produktmanagement: Lena Denu
Lektorat: Constanze Lüdicke
Layout: A flock of sheep, Marcus Taeschner
Korrektorat: Anna Maier
Umschlaggestaltung: Andreas Kersten,
Bartos Kersten Printmediendesign
Repro: LUDWIG:media
Herstellung: Kathleen Baumann
Printed in Slovenia by Florjancic

★★★★★

Sind Sie mit diesem Titel zufrieden? Dann würden wir uns über Ihre Weiterempfehlung freuen. Erzählen Sie es im Freundeskreis, berichten Sie Ihrem Buchhändler oder bewerten Sie beim Onlinekauf. Und wenn Sie Kritik, Korrekturen oder Aktualisierungen haben, freuen wir uns über Ihre Nachricht an Christophorus Verlag, Postfach 40 02 09, D-80702 München oder per E-Mail an lektorat@verlagshaus.de.

Unser komplettes Programm finden Sie unter

www.christophorus-verlag.de

Alle gezeigten Modelle, Projekte, Illustrationen und Fotos sind urheberrechtlich geschützt. Eine gewerbliche Nutzung ist untersagt. Dies gilt auch für eine Vervielfältigung bzw. Verbreitung über elektronische Medien.

Autorin und Verlag haben alle Angaben und Anleitungen mit größtmöglicher Sorgfalt zusammengestellt. Dennoch kann bei Fehlern keinerlei Haftung für direkte oder indirekte Folgen übernommen werden. Stoffe, Materialien und Modelle können von den jeweiligen Originalen abweichen. Die bildliche Darstellung ist unverbindlich.
Sollte dieses Werk Links auf Webseiten Dritter enthalten, so machen wir uns die Inhalte nicht zu eigen und übernehmen für die Inhalte keine Haftung.

Die Deutsche Nationalbibliothek verzeichnet diese Publikation in der Deutschen Nationalbibliografie; detaillierte bibliografische Daten sind im Internet über www.dnb.de abrufbar.

© 2022 Christophorus Verlag in der
Christian Verlag GmbH, München
Infanteriestraße 11a
D-80797 München

Alle Rechte vorbehalten.

ISBN 978-3-8388-3826-7

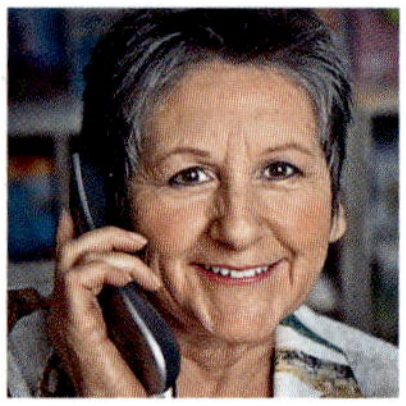

Kreativ-Service

Sie haben Fragen zu den Büchern und Materialien? Frau Erika Noll ist für Sie da und berät Sie rund um alle Kreativthemen. Rufen Sie an! Wir interessieren uns auch für Ihre eigenen Ideen und Anregungen. Sie erreichen Frau Noll per E-Mail: **kreativ-service@c-verlag.de** oder Tel.: **+ 49 (0)89 - 1306 99 - 577.**

Besuchen Sie uns im Internet: **www.christophorus-verlag.de** & **www.selbstgemacht.de**